Marcus Damm

Handwörterbuch Schemapädagogik 2

Manipulationstechniken, Selbstklärung, Intervention

Mit Online-Materialien

SCHEMAPÄDAGOGIK KOMPAKT

herausgegeben von Dr. Marcus Damm

ISSN 2191-186X

1   *Marcus Damm*
    Praxis der Schemapädagogik
    Schemaorientierte Psychotherapien und ihre Potenziale für die psychosoziale Arbeit
    ISBN 978-3-8382-0040-8

2   *Marcus Damm*
    Schemapädagogik im Klassenzimmer
    Ein neues Konzept zur Förderung verhaltensauffälliger Schüler
    ISBN 978-3-8382-0140-5

3   *Marcus Damm*
    Schemapädagogik im Klassenzimmer – Das Praxisbuch –
    Arbeitsmaterialien und Methoden für Lehrer und Schüler
    ISBN 978-3-8382-0220-4

4   *Marcus Damm und Stefan Werner*
    Schemapädagogik bei jugendlichen Gewalttätern
    Diagnose von Schemata, Konfrontation und Verhaltensänderung
    ISBN 978-3-8382-0190-0

5   *Marcus Damm*
    Handwörterbuch Schemapädagogik 1
    Kommunikation, Charakterkunde, Prävention von Beziehungsstörungen
    ISBN 978-3-8382-0230-3

6   *Marcus Damm*
    Handwörterbuch Schemapädagogik 2
    Manipulationstechniken, Selbstklärung, Intervention
    ISBN 978-3-8382-0240-2

In Vorbereitung:

7   *Marcus Damm und Marc-Guido Ebert*
    Schemapädagogik und Lehrerpersönlichkeit
    Konstruktive Beziehungsgestaltung im Unterricht
    ISBN 978-3-8382-0200-6

Marcus Damm

HANDWÖRTERBUCH SCHEMAPÄDAGOGIK 2

Manipulationstechniken, Selbstklärung, Intervention

Mit Online-Materialien

ibidem-Verlag
Stuttgart

Bibliografische Information der Deutschen Nationalbibliothek
Die Deutsche Nationalbibliothek verzeichnet diese Publikation in der Deutschen Nationalbibliografie; detaillierte bibliografische Daten sind im Internet über http://dnb.d-nb.de abrufbar.

Bibliographic information published by the Deutsche Nationalbibliothek
Die Deutsche Nationalbibliothek lists this publication in the Deutsche Nationalbibliografie; detailed bibliographic data are available in the Internet at http://dnb.d-nb.de.

Coverbild: Fondo Abstracto © Pakmor #4540264. www.fotolia.de

∞

Gedruckt auf alterungsbeständigem, säurefreien Papier
Printed on acid-free paper

ISSN: 2191-186X

ISBN-13: 978-3-8382-0240-2

© *ibidem*-Verlag
Stuttgart 2011

Alle Rechte vorbehalten

Das Werk einschließlich aller seiner Teile ist urheberrechtlich geschützt. Jede Verwertung außerhalb der engen Grenzen des Urheberrechtsgesetzes ist ohne Zustimmung des Verlages unzulässig und strafbar. Dies gilt insbesondere für Vervielfältigungen, Übersetzungen, Mikroverfilmungen und elektronische Speicherformen sowie die Einspeicherung und Verarbeitung in elektronischen Systemen.

All rights reserved. No part of this publication may be reproduced, stored in or introduced into a retrieval system, or transmitted, in any form, or by any means (electronical, mechanical, photocopying, recording or otherwise) without the prior written permission of the publisher. Any person who does any unauthorized act in relation to this publication may be liable to criminal prosecution and civil claims for damages.

Printed in Germany

Inhalt

Vorwort 9

A

Abwehrmechanismen, allgemein 15
Abwehrmechanismus Verdrängung 19
Abwehrmechanismus Verlagerung 20
Abwehrmechanismus Rationalisierung 22
Agoraphobie 23
Angst und Stress 24

B

Beobachtung 27
Beobachtungs-, Diagnose- und Arbeitsblätter 28
Beurteilungsfehler, Allgemeines 36
Beurteilungsfehler Halo-Effekt 37
Beurteilungsfehler Rosenthal-Effekt 37
Bindungstheorie 39

E

Empathie 43

Erziehungsbedürftigkeit 44
Erziehungsberatung 45

H

Heimerziehung 49
Hypochondrie 54

J

Jugendstrafvollzug/Bewährungshilfe 57

K

Kausalattribuierung, externale 61

M

Manipulationstechnik Appell 65
Manipulationstechnik Image 67
Manipulationstechnik Psychospiel 70
Manipulationstechnik Test 75

N

Neuropsychologie und Angst 79
Nosophobie 84

P

Paarberatung 85
Panikstörung 88
Paraphrasieren und aktives Zuhören 90
Posttraumatische Belastungsstörung 91

Projektion, allgemein 92

Projektion, erste Art 93

Projektion, zweite Art 94

Projektion, dritte Art 95

Projektion, Präventionsmöglichkeiten 96

S

Schema 99

Schemafragebögen 103

Schemapädagogik, Historie 112

Schemapädagogik, Ziele 113

Schema Emotionale Vernachlässigung 115

Schema Verlassenheit/Instabilität 118

Schema Misstrauen/Missbrauch 120

Schema Soziale Isolation 122

Schema Unzulänglichkeit/Scham 124

Schema Erfolglosigkeit/Versagen 126

Schema Abhängigkeit/Dependenz 128

Schema Verletzbarkeit 131

Schema Verstrickung/Unentwickeltes Selbst 133

Schema Anspruchshaltung/Grandiosität 136

Schema Unzureichende Selbstkontrolle/Selbstdisziplin 138

Schema Unterwerfung/Unterordnung 140

Schema Aufopferung 143

Schema Streben nach Zustimmung und Anerkennung 146

Schema Emotionale Gehemmtheit 149

Schema Überhöhte Standards 152

Schema Negatives hervorheben 155

Schema Bestrafungsneigung 157

Schemamodus/Rolle 160

Schulsozialarbeit 163

Selbsterkenntnis 166

Spezifische Phobie 169

Straßensozialarbeit/Streetwork 170
Stühlearbeit 173

W

Wiederholungszwang 175

Weiterführende Literatur 179
Kontakte 184
Literatur 185

Vorwort

Schemapädagogik ist ein sehr anspruchsvoller, aber dennoch sehr praxisnaher Ansatz, der angewiesen ist auf (a) eine hohe Fachkompetenz, (b) Einsicht seitens der pädagogischen Fachkraft in die eigenen innerpsychischen Prozesse (c) sowie auf Reflexionsvermögen.

Schemapädagogik liegt an der Schnittstelle zwischen Pädagogik und Psychotherapie. Das Konzept zielt sowohl darauf ab, die Beziehungsqualität zwischen der professionellen Fachkraft[1] und dem Klienten[2] zu fördern als auch prosoziales Verhalten anzuregen und gleichzeitig Verhaltensauffälligkeiten zu reduzieren. Natürlich sind das „große Projekte"; doch sie können gelingen.

„Schwieriges" Verhalten dauerhaft modifizieren – das klingt in den Ohren der meisten Pädagogen und Sozialarbeiter erfahrungsgemäß nach „Sisyphusarbeit". Dies liegt in der Natur der Sache. Schließlich geht es doch (auch) in sozialen Berufen um nichts Geringeres als um die sogenannten fundamentalen menschlichen, allzu menschlichen Fragen:

> ➤ Wie „ticken" schwierige Heranwachsende?
> ➤ Wie kann ich als Pädagoge konstruktiv mit Beziehungsstörungen beziehungsweise Verhaltensauffälligkeiten von Klienten umgehen?
> ➤ Warum stellen sich viele „Lösungen" im Nachhinein als „Luftschlösser" he-

---

[1] Im Folgenden wird der Einfachheit halber meistens die männliche Sprachform verwendet. Dies dient der Erhaltung des Leseflusses und ist natürlich nicht diskriminierend gemeint.
[2] Die Begriffe Sozialpädagogen, Lehrer, Sozialarbeiter, professionelle Fachkräfte, Pädagogen usw. werden im Folgenden synonym gebraucht.

raus?
> Warum neigen die meisten Klienten dazu, immer wieder die alten Verhaltensteufelskreise zu re-inszenieren, obwohl sie einsehen, dass das „falsch" ist?

Dass der Umgang mit „schwierigen" Zu-Erziehenden sehr nervenaufreibend ist, ist kein Geheimnis. Man weiß gewissermaßen nie, was „einem der Tag so bringt".

Die betreffenden Klienten wollen uns Professionelle etwa (unbewusst) in bestimmten Situationen manipulieren, gewissermaßen in „ihre Welt" hineinziehen (aus biografischen Gründen ist dies aus Sicht der Betreffenden durchaus sinnvoll).

Damit manipulieren sie gleichzeitig die Beziehung zu uns. Im Prinzip können die jungen Menschen nichts dafür. Sie bringen ihre (schwierige) Biografie eben immer wieder mit ein in die Gegenwart.

Vor dem Hintergrund der Schemapädagogik wird davon ausgegangen, dass früh erworbene Wahrnehmungs- und Erwartungsmuster (Schemata), die einmal in Auseinandersetzung mit der sozialen Umwelt entstanden sind, für die nachteiligen Interaktionsmuster und Konflikte mit den Anderen im Hier und Jetzt verantwortlich sind.

Wer schemapädagogisch (effizient) arbeiten möchte, dem sollte im Berufsalltag überwiegend der theoretische Rahmen des Modells präsent sein. Auf der anderen Seite gilt es, viele Informationen, die der Klient verbal und vor allem nonverbal „sendet", sowohl zu bemerken als auch tiefenpsychologisch zu deuten.

Der Schemapädagoge muss im Laufe der Zusammenarbeit irgendwann dazu imstande sein, vom Klienten ein Modell zu entwerfen, mit dem er sich fortwährend auseinandersetzt. Die professionelle Haltung impliziert ferner die Erkenntnis, dass der Pädagoge früher oder später mehr über die Persönlichkeit des Klienten weiß, als dieser selbst.

Schemapädagogik ist ein Schwerpunkt des Angebots des Pädagogischen Landesinstituts – hauptsächlich verortet (a) im Referat 1.08: Fort- und Weiterbildung in Fachrichtungen der Förderpädagogik, (b) in der Berufsförderpädagogik sowie (c) in den Bereichen IGS, Realschule und Schulsozialarbeit; siehe auch:

http://sonderpaedagogik.bildung-rp.de/fortbildung-beratung/unser-team.html.

Eingangs wurde schon erwähnt, dass Schemapädagogik an der Schnittstelle zwischen Psychotherapie und Pädagogik liegt, und daher als „Modell" viele Inhalte und Themen impliziert, die dem „herkömmlichen Pädagogen vom Fach" naturgemäß fremd sind.

In der Ausbildung/im Studium steht in der Regel die Didaktik und Methodik der Sozialen Arbeit/Sozialpädagogik im Vordergrund. Zwar werden tiefenpsychologische Erkenntnisse „angeschnitten", etwa im Bereich der „psychoanalytischen Pädagogik" – aber in der Regel geschieht dies in nicht erwähnenswertem Umfang.

Schemapädagogik ist ein neues Konzept, das überwiegend auf tiefenpsychologischen Erkenntnissen aufbaut. Zwar gibt es mittlerweile einschlägige Publikationen (siehe weiterführende Literatur), die gerne von Interessentinnen und Interessenten in die Hand genommen werden, aber wir stehen eben noch am Anfang der Entwicklung. In dieser Hinsicht besteht also noch reger Aufklärungsbedarf.

Aus den genannten Gründen habe ich mich dazu entschlossen, die wichtigsten Begriffe im Kontext der Schemapädagogik sowie relevante Aspekte aus der Tiefenpsychologie und Kommunikationspsychologie in einem Nachschlagewerk zu publizieren.

Aufgrund des Umfangs des Manuskripts hat sich eine Veröffentlichung in zwei Bänden angeboten. Der vorliegende Band – *Schemapädagogik 2: Manipulationstechniken, Selbstklärung, Intervention* – ergänzt das „Schwesterbuch" *Handwörterbuch Schemapädagogik 1: Kommunikation, Charakterkunde, Prävention von Beziehungsstörungen.*

Die Handwörterbücher sind in erster Linie Nachschlagewerke. Die Leserin/der Leser kann schnell relevante Begriffe suchen und finden und das bereits vorhandene Wissen auffrischen beziehungsweise sich tiefer einarbeiten. Andererseits sollen die Themen Manipulationstechniken, Schematheorie und Abwehrmechanismen ausführlicher dargelegt werden.

Sie finden, weil ich nicht voraussetzen kann, dass die Leserin/der Leser beide Handwörterbücher besitzt, in *beiden* Bänden zwecks sinnvoller Überlegungen folgende Begriffe: „Schema", „Schemapädagogik", „Schemamodi".

Hinweise zu den Online-Materialien

Die beiden Handwörterbücher werden durch ausführliche und auch weiterführende Online-Materialien ergänzt, die regelmäßig aktualisiert werden. Es besteht die Möglichkeit, Arbeitsblätter, Fragebögen, Fallbeispiele, Beiträge, Artikel usw. auszudrucken. Zu den Materialien gelangen Sie auf zwei Wegen, und natürlich werden dabei verschiedenartige Voraussetzungen, die Sie möglicherweise von Berufswegen her mitbringen, berücksichtigt. Wenn Sie Lehrer (jeglicher Schulform) im Angestellten- oder Beamtenverhältnis in Rheinland-Pfalz sind, kommen Sie über die Online-Seiten des Pädagogischen Landesinstituts Rheinland-Pfalz (PL) zum Ziel (http://kurse.bildung-rp.de).

Klicken Sie nun den Button „Förderschule" an, danach den Button „Schemapädagogik". Nach der Registrierung (NEUER ZUGANG) bekommen Sie per E-Mail vom Pädagogischen Landesinstitut Ihren Anmeldenamen und das Kennwort. Diese Daten sichern Ihnen den Zugang zur allgemeinen Lernplattform für Lehrerfort- und Weiterbildung des Pädagogischen Landesinstitutes Rheinland-Pfalz. Wenn Sie nun wieder die oben erwähnten Buttons anklicken und zur Anmeldung des Kurses „Schemapädagogik" gelangen, geben Sie zunächst Ihren Nutzernamen ein, den Sie per E-Mail erhalten haben. Das relevante Kennwort im Zusammenhang mit dem Kurs Schemapädagogik lautet nun: **schemata**.

Nun finden Sie verschiedene pdf-Dateien (als Download), die in den verschiedenen Lern-Modulen (Fortbildung Schemapädagogik) thematisiert beziehungsweise bearbeitet werden; über die Druckfunktion des Browsers können Sie sie dann ausdrucken.

Sie können sich auch in den Foren mit anderen pädagogischen Fachkräften austauschen, an Fallbesprechungen teilnehmen oder sich aber auch für eine Schemapädagogik-Fortbildungsveranstaltung anmelden; regelmäßig werden welche am Pädagogischen Landesinstitut angeboten, sie sind in der Regel für alle Schulformen geöffnet.

Die zweite Möglichkeit gestaltet sich so, dass Sie, falls Sie außerhalb von Rheinland-Pfalz beschäftigt sind, meine Homepage zunächst aufrufen (http://www.schemapädagogik.de).

Hier finden Sie auf der linken Seite den Button „Interner Bereich". Nachdem Sie diesen Button anklicken, geben Sie folgenden Benutzernamen ein: **Lehrer** (auf Groß- und Kleinschreibung achten); das Passwort lautet: **schemata** (klein geschrieben).

Nun finden Sie ebenfalls weiterführende Informationen zum Ausdrucken, über die Sie verfügen können.

Ich hoffe, dass Sie dieser Band bei Ihrer Arbeit in Ihrem pädagogischen Praxisfeld bei der Prävention und bei der Bearbeitung von Konflikten effizient unterstützt.

Worms, im Mai 2011
Dr. Marcus Damm

Kontakt

Institut für Schemapädagogik
Dr. Marcus Damm
Höhenstr. 56
67550 Worms
E-Mail: info@marcus-damm.de
Internet: www.schemapädagogik.de

A

Abwehrmechanismen, allgemein

Abwehrmechanismen sind innerpsychische „Schutzschilde" gegen vermeintliche Angriffe auf unser Selbstbild und, ganz allgemein gesagt, gegen „unangenehme" Alltagssituationen. Das heißt, viele Begebenheiten, die uns potenziell „runterziehen" würden, werden in der Regel vorauseilend durch die Aktivierung mehrerer Abwehrmechanismen entkräftet, verdreht, verdrängt, schön geredet, „verbogen".

Mit diesem Thema eng verbunden ist der Name ANNA FREUD (1895–1982). Die Psychoanalytikerin hat 1936 ein Buch veröffentlicht, in dem sie die Erkenntnisse ihres bekannten Vaters weiterentwickelte. Es hat den Titel *Das Ich und die Abwehrmechanismen*.

Hierin beschreibt sie verschiedene Wirkungsarten der innerpsychischen Selbsttäuschung, die wahrscheinlich bei jedem Menschen mehr oder weniger vorhanden ist.

Es handelt sich dabei, und darauf legen Tiefenpsychologen sehr großen Wert, um *unbewusste* Mechanismen.

Diese Phänomene werden auch heute noch wissenschaftlich untersucht. Die moderne *Sozialpsychologie* etwa hat alle Freud'schen Abwehrmechanismen mittels verschiedener Experimente mehr oder weniger bestätigt (GOLLWITZER & SCHMITT 2009). Auch verschiedene Neurowissenschaftler (etwa ROTH 2003) schätzen die psychoanalytischen Ausführungen zur Wirkungsweise unserer Psyche im Alltag.

Das Wissen um einzelne Phänomene, um die es im Folgenden geht, und deren Auswirkungen sollte auch zum Repertoire eines jeden Sozialarbeiters/Sozialpädagogen gehören. Denn besonders die „schwierigen" Klienten offenbaren erfahrungsgemäß einige Abwehrmechanismen, und zwar in starker Ausprägung (DAMM & WERNER 2011).

Rationalisierung

Sehr mühselig beziehungsweise herausfordernd – aus Sicht des professionellen Helfers – erscheint die sogenannte Rationalisierung. Infolge einer Aktivierung dieses Mechanismus seitens des Klienten werden eigene Fehler, Selbstanteile an Konflikten beziehungsweise unerwünschte Erlebnisse mit dem sozialen Umfeld durch irrationale Gedankenarbeit „zurechtgebogen" (KÖNIG 2007).

Der letzte Streit mit einem Gleichaltrigen etwa, so die Ansicht des Betreffenden beim klärenden Gespräch, hat sich nur ergeben, weil „der Andere schlecht drauf war und provoziert hat". Man verlagert quasi die eigene Schuld nach „draußen". Das heißt, man sieht den Eigenanteil an einem bestimmten Problem nicht, und es wird alles daran gesetzt, am Ende mit „weißer Weste" dazustehen.

Es bedarf also einer gehörigen Portion Aufrichtigkeit, um diesen Mechanismus bei sich selbst zu entkräften – das gilt auch für Sozialarbeiter, die hin und wieder diesem Mechanismus verfallen.

Verdrängung

Was wäre der Klient ohne seine Kompetenz, schreckliche, ja traumatische Erlebnisse verdrängen zu können? Gerade Jugendliche, die psychischen und/oder physischen Missbrauch erfahren haben, wären wohl jeden(!) Tag unglücklich und niedergeschlagen, würde ihnen das Potenzial fehlen, die Realität bei Bedarf rückblickend selektiv wahrnehmen zu können.

Ebenso hilft der Verdrängungsmechanismus auch bei der Alltagsbewältigung, weil er, ganz allgemein gesagt, dabei hilft, Negatives auszublenden. Im Durchschnitt ist dieser Abwehrmechanismus also durchaus nützlich und sinnvoll, und man kann davon ausgehen, dass jeder Mensch einmal in Situationen gerät, in denen er unliebsame Umweltreize verdrängt.

Nun gibt es aber auch Personen, Klienten wie auch Pädagogen, die keinerlei Kritik beziehungsweise Konfrontation vertragen. Aus ihrer Sicht haben sie „immer alles richtig" gemacht, „alles nur gut gemeint" usw. Es sollte aber schon zur Personalkompetenz gehören, zwischenmenschliche Beziehungen aus verschiedenen Perspektiven betrachten zu können. Konfrontation gehört eben aus diesem Grund dazu.

Was heißt das nun in Hinsicht auf die sozialpädagogische Praxis? – Gemeinsam mit dem Klienten kann man dann in einem „guten Moment" an der Reduktion dieses Mechanismus arbeiten. Aber das sollte vorsichtig und mit Bedacht angegangen werden. In der Regel funktioniert dies nur mit ausreichend „Beziehungskredit" im Rücken (› *Schemapädagogik, Ablauf, Band 1*).

Verkehrung ins Gegenteil
Ein sicherlich sehr komplexer und tief schichtiger Abwehrmechanismus heißt „Verkehrung ins Gegenteil"; er wird auch manchmal „Reaktionsbildung" genannt. Hierbei wird eine positive beziehungsweise negative Emotion (je nachdem) ins Gegenteil verkehrt – und der Betreffende erscheint entweder überwiegend aggressiv und bissig oder aber er imponiert durch Freundlich- und Nettigkeit (DAMM 2010e).

Der Grund, warum der Betreffende nicht einfach authentisch seine Gefühle gegenüber seinem Gesprächspartner zeigt, liegt in einem unbewussten Konflikt, der durch die primäre Emotion ausgelöst wird.

So kann es etwa passieren, dass ein gewaltbereiter Jugendlicher positive Gefühle gegenüber dem Sozialarbeiter empfindet. Da der Heranwachsende aber in der Gruppe die Rolle des „Alpha-Tiers" oder „Machos" innehat, darf er sich selbstverständlich keine „Gefühlsduseleien" erlauben; außerdem würde er in denn Augen der Gruppe schnell als „Luschi" dastehen.

Aus diesem innerpsychischen Konflikt heraus wird die positive Emotion „selbstwertdienlich" ins Gegenteil verkehrt; und der Jugendliche erscheint dann dem Pädagogen gegenüber als sehr „fieser Kerl".

Fazit: Gerade über diesen Abwehrmechanismus sollten Sozialarbeiter unbedingt Bescheid wissen: Denn: manchmal ist übertriebene Feindseligkeit eigentlich der Ausdruck von positiven Gefühlen.

Identifizierung

Ein weiterer Abwehrmechanismus ist die Identifizierung, die einen starken Bezug zu den frühkindlichen sozialen Verhältnissen des Betreffenden hat. Klar ist ohnehin: Der große Einfluss, den elterliche Bezugspersonen einmal auf Klienten hatten (und immer noch haben), ist nicht von der Hand zu weisen.

Und so sehr sich auch die Betreffenden nunmehr von ihnen unterscheiden wollen: In manchen Momenten, etwa bei Konflikten, agieren sie genauso wie einst ihre Vorbilder.

Dies liegt daran, dass wahrscheinlich jedes Kind in den ersten Lebensjahren viele Verhaltensweisen der Bezugspersonen innerpsychisch speichert, was dazu führt, dass sie für den Betreffenden selbst irgendwann einen motivierenden Charakter annehmen (› *Schema*).

Später dann werden früh beobachtete und verinnerlichte Verhaltensweisen des Umfelds unbewusst durch bestimmte „Schlüsselreize" aktiviert (getriggert) – und dann beeinflusst sozusagen die Vergangenheit des Klienten das Verhalten im Hier und Jetzt: *er wird dann in bestimmten Momenten gewissermaßen zu seinem Vater/seiner Mutter.*

Psychoanalytiker etikettieren beziehungsweise erklären das Phänomen mit dem Begriff „Identifizierung" (WILLI 1975/2001).

Verlagerung

Wenn Klienten im Umgang mit Respektspersonen Frust und Unmut aufbauen, etwa weil sie motiviert sind, vorauseilend autoritätsgläubig und passiv zu erscheinen (› *Schema Unterwerfung/Unterordnung*), aber auf der anderen Seite gleichzeitig ihren Unmut an Schwächeren sehr rigoros abreagieren, dann sind die Betreffenden aller Wahrscheinlichkeit nach beeinflusst vom Abwehrmechanismus „Verlagerung".

Opfer solcher Aggressions-Verschiebungstendenzen sind meistens körperlich schwächere Personen aus dem sozialen Umfeld, der Peer-group o.Ä.

Dieser Mechanismus ist nicht nur bei Klienten auffällig. Manchmal sind auch pädagogische Fachkräfte nicht gänzlich frei von diesem Phänomen. Da dieser Abwehrmechanismus sehr unmoralische Verhaltensweisen nach sich zieht, liegt es in der Verantwortung von jedem Professionellen, diesbezüglich zu reflektieren und sich im Falle einer Aktivierung zu kontrollieren.

Sich selbst und andere differenzierter verstehen

Jeder Mensch ist potenziell anfällig für (ausufernde) Abwehrmechanismen. Sie sind wahrscheinlich angeboren, haben also eine evolutionäre Verankerung (vergleiche REYER & SCHMID-HEMPEL 2011), und sie können durch konfliktreiche Verhältnisse in der frühen Kindheit in ihrer Intensität zunehmen, da ein Zusammenhang zwischen sozialem Stress und der Ausprägung von (schützenden) innerpsychischen Reaktionen besteht.

Es gilt für Sozialarbeiter die Faustformel: Je mehr tiefenpsychologische Selbstkenntnis vorherrscht, desto weniger Abwehrmechanismen „stören" die zwischenmenschlichen Beziehungen, die man unterhält (DEHNER & DEHNER 2007).

Da das Konzept der Abwehrmechanismen sehr hilfreich dabei ist, „schwierige" Klienten tief greifender zu verstehen, werden im Folgenden ausgewählte Abwehrmechanismen genauer ausgeführt.

Abwehrmechanismus Verdrängung

Was wäre der Mensch ohne seine Kompetenz, die kleinen und großen unangenehmen Dinge des Daseins ausblenden zu können? Die Tatsache, dass wir zum Beispiel alle sterblich sind, müsste uns jeden Tag aufs Neue beunruhigen. Würde sie uns aber tatsächlich täglich bewusst sein, hätten wir mit der Alltagsbewältigung doch große Probleme.

Nichtsdestotrotz: Es ist kein Zufall, dass tiefenpsychologisch orientierte Therapeuten dem Klienten vor allem dabei helfen, seine Verdrängungstendenzen zu reduzieren. Ein Übermaß an Verdrängung macht psychisch und körperlich krank (RATTNER & DANZER 2007).

Hinter der weit verbreiteten mangelhaften Selbsteinsicht, die durch diese unbewusste Abwehrform aufrechterhalten wird, liegt meistens peinliches, unmoralisches „Material" (SACHSE et al. 2010).

Da im Prinzip alles, was das Selbstwertgefühl einschränken würde, verdrängt werden kann, gilt es vor allem für Sozialpädagogen, den „beruflichen Blick" zunächst auf sich selbst zu richten. Wir Professionelle sind auch nur Menschen mit Fehlern. Mit Sicherheit ist beruflich nicht immer alles glatt gelaufen.

Doch es ist leider nicht so einfach, seinen eigenen verdrängten Inhalten auf die Schliche zu kommen. Schließlich sind sie ja nicht ohne Grund ausgeblendet. Biografische Erfahrungen seitens des Pädagogen spielen natürlich eine große Rolle. Daher bringt Biografiearbeit entsprechend viel, um sich selbst besser zu verstehen.

Ebenfalls kann man Sozialpädagogen empfehlen, im Berufsalltag öfter mal auf ihre eigenen(!) Emotionen zu achten, wenn sie mit schwierigen Klienten kommunizieren. Emotionen sind eigentlich immer existent, da unser emotionales Gehirn (limbisches System) – welches ja vorwiegend unbewusst arbeitet – alle Informationen, die wir im Alltag sinnlich aufnehmen, auch bewertet (mit Gefühlen). Wichtig sind also vor allem die *emotionalen* Reaktionen. Man sollte ihnen mit voller Aufmerksamkeit begegnen, denn sie gehören schließlich zu unserer Persönlichkeit, sozusagen zu unseren „unbewussten Ich-Anteilen" (DAMM 2010e).

Durch „emotionale Achtsamkeit" lernt man seine „unbewussten Ich-Anteile", die mehr oder weniger verdrängt sein können, besser kennen.

Dies ist zweifellos sinnvoll, als stark ausgeprägte Selbst-Unkenntnis dazu führt, dass man im Umgang mit manchen schwierigen Klienten immer wieder dieselben Niederlagen erlebt.

Selbsterkenntnis verändert daher die Dinge.

Fazit: Selbst-Unkenntnis beeinflusst negativ die Alltagswahrnehmung und provoziert die Aktivierung zahlreicher Abwehrmechanismen.

Abwehrmechanismus Verlagerung

Bei der sogenannten Verlagerung handelt es sich, wie oben schon erwähnt (› *Abwehrmechanismen, allgemein*), um Aggressions- oder Frust*verlagerung*. Einfach gesagt, im Falle einer Aktivierung konstruiert der Betreffende (in schlechter Gemütsverfassung) zwanghaft(!) „Nebenkriegsschauplätze", schikaniert dann etwa willkürlich Personen in unmittelbarer Reichweite, die mit den *eigentlichen Problemen*, das heißt, mit den innerpsychischen Unstimmigkeiten, gar nichts zu tun haben. Der Frust wird also verlagert, das befreit gewissermaßen. Häufig sind laut KÖNIG (2007) Konflikte mit Vorgesetzten die Ursache der Abwehrmechanismus-Aktivierung.

Solche Szenen muten zwar dann recht „künstlich" und übertrieben an – aber nur aus Sicht des Opfers. Infolgedessen trifft es durch die Verlagerung „schwächere Glieder in der Hackordnung", vielleicht einen Unbekannten, der zur falschen Zeit am falschen Ort ist.

Natürlich löst der Betreffende dadurch nicht den Grundkonflikt auf – er *verlagert* ihn ja nur –, das eigentliche Dilemma wird dadurch genaugenommen noch stabilisiert. Das heißt, alles bleibt beim Alten, und die emotionale Befreiung hält nur temporär an.

Manche Kinder und Jugendliche zeigen außerdem eine ganz bestimmte Art von Verlagerungstendenzen, etwa wenn sie öfter Kleintiere quälen, Wrestlingkämpfe nachspielen, Ego-Shooter spielen oder Gewalt- beziehungsweise Splatter-Filme konsumieren. Meistens versteht das soziale Umfeld solche „Hilferufe" von Heranwachsenden nicht.

Das ganze Verlagerungs-Dilemma verweist natürlich trotz der offensichtlichen sadistischen Note gleichzeitig auf einen beschränkten Akteur. Denn Betreffende rühren mittels dieses Abwehrmechanismus einerseits *nicht* die Personen an, die ausschließlich für den großen Unmut sorgen (Chef beziehungsweise Vorgesetzter, elterliche Bezugspersonen, Partner usw.). – Andererseits fechten sie einen ungleichen Kampf mit unschuldigen Mitmenschen aus, die sich ungleich weniger oder gar nicht wehren können (KÖNIG 2010). Eigentlich ein schwaches Bild.

Doch auch professionelle Helfer sind nicht zwingend von diesem menschlichen, allzu menschlichen Thema ausgenommen. An folgenden Fragestellungen kann man sich orientieren, sollte man sich für diesen Abwehrmechanismus interessieren:

> ➢ Unter welchen sozialen Beziehungen leide ich häufig?
> ➢ Was tue ich dagegen?
> ➢ Was mache ich mit dem Frust, der daraus entsteht?
> ➢ Wen habe ich deswegen schon verletzt?
> ➢ *Weiß* derjenige, *warum* ich das eigentlich gemacht habe?
> ➢ Habe ich mich dafür *entschuldigt*?

Natürlich muss es das Ziel sein, diesen Abwehrmechanismus in seine Schranken zu verweisen.

Abwehrmechanismus Rationalisierung

Die Kurzdefinition dieses Abwehrmechanismus lautet: Wer rationalisiert, setzt oft Notlügen ein, betreibt aktiv Selbst- und Fremdtäuschung, anders gesagt: Schönfärberei.

Viele Klienten sind bekanntlich wahre „Meister" darin, eigentliche Absichten, schmerzliche Niederlagen, Unstimmigkeiten aller Art umzuformen, manchmal kreativ, manchmal plump. Und am Ende der „Operation" stehen sie aus ihrer Sicht schließlich mit „weißer Weste" da. *Man konnte gewissermaßen gar nichts dafür.* Diese Motivation weist viele Parallelen zur sogenannten externalen Kausalattribuierung auf (› *Kausalattribuierung, externale*).

Selbstrechtfertigungstendenzen in übertriebener Ausprägung entstehen, darauf deutet vieles hin, in Auseinandersetzung mit den Betreuungspersonen in der Kindheit (MENTZOS 2009).

Sicherlich sind Notlügen in bestimmten Situationen aus Sicht des Betreffenden sinnvoll. Sie helfen schwierigen Jugendlichen manchmal weiter, indem jene durch Rationalisierungen einer Strafe oder Verurteilung vorbeugen. Trotzdem, und das sollte den Betreffenden klar gemacht werden: Ausreden sind nichts anderes als Lügen, Selbst- und Fremdtäuschung.

Ein Beispiel aus dem Schulalltag: Schon eine lapidare Frage an einem Montagmorgen (1. Stunde) – etwa: „Wer hat die Hausaufgaben nicht – und warum?" – reicht aus, um die abenteuerlichsten Geschichten aufgetischt zu bekommen. Nur einige „Märchen-Titel": *Mein Goldfisch ist gestorben; Familiäre Probleme; Wasserüberflutung im Keller; Freund/Freundin hat Schluss gemacht; Stromausfall.*

Agoraphobie

Bei Agoraphobie empfinden Klienten eine ausgeprägte Furcht vor öffentlichen Plätzen; sie kann sich auch auf Fußgängerzonen, Kaufhäuser oder Supermärkte beziehen. Die jeweilige Angst wird gewöhnlich so begründet: „Wenn mir schwindelig oder schlecht wird und ich zusammenbreche, braucht es ewig, bis Hilfe da ist." Neben Schwindel werden vor allem auch Panikattacken befürchtet.

Agoraphobie ist der Sozialen Phobie (› *Soziale Phobie, Band 1*) zwar sehr ähnlich, darf aber nicht mit ihr verwechselt werden. Agoraphobiker fürchten nicht die negative Meinung der Mitmenschen, sondern die vermeintliche *Hilflosigkeit* in der Öffentlichkeit. Daher bestehen Betroffene häufig darauf, bei aushäusigen Erledigungen von einer Person ihres Vertrauens begleitet zu werden. Dadurch wird Angst vermieden.

Insofern lässt sich vom tiefenpsychologischen Standpunkt aus auch vermuten, dass ein sekundärer Krankheitsgewinn mit Agoraphobie einhergeht. Ängstliche können mittels dieser Störung ihre Mitmenschen leicht an sich binden. Manchmal drückt Agoraphobie in Wahrheit auch das Bedürfnis aus, den anderen nicht verlieren zu wollen. Für diese Erkenntnis spricht, dass diese Störung auch durch akute Konflikte in der Partnerschaft ausgelöst werden kann.

Unmittelbar mit Agoraphobie verwandt ist die Klaustrophobie. Hier finden wir umgekehrte Verhältnisse vor. Man fürchtet sich vor *engen* Räumen. Relevant sind also Aufzüge oder auch Kellerräume. Die Angst steigert sich sofort ins Unermessliche, wenn man einmal im Aufzug stecken bleibt.

Was sind die Ursachen? Agora- und Klaustrophobie werden anscheinend überwiegend durch aktuelle Lebenskrisen, zu viel Stress und/oder durch einen schwerwiegenden Schicksalsschlag ausgelöst. Manchmal geht, wie gesagt, auch ein Panikanfall voraus.

Angst und Stress

Stellen Sie sich vor, Sie sind gerade mit Ihrem Wagen auf dem Weg zu Ihrer Arbeitsstätte. Heute steht eine wichtige Präsentation eines Projektes vor diversen Professionellen und Klienten an.

Ihr Chef erwartet einiges von Ihnen. Sie gehen in Gedanken Ihren Vortrag noch einmal durch. Ein Blick auf die Uhr. Es wird wahrscheinlich knapp. Sie verspüren ein flaues Gefühl im Magen. Wenn Sie zu spät kämen, wäre das eine mittlere Katastrophe. Sie beschließen spontan, eine Abkürzung zu nehmen: über die Autobahn, um schneller in die Innenstadt zu kommen.

Nachdem Sie die Autobahnauffahrt passieren, bleibt Ihr Herz plötzlich für eine Sekunde stehen: Stau! Sie sind jetzt gefangen, kommen weder vorwärts noch rückwärts. Jetzt passiert es: es kommt zu *negativem* Stress, zu Schweißbildung, Erhöhung des Pulsschlages, Magendruck.

Diese Reaktionen werden ausgelöst sowohl durch das Empfinden von Hilflosigkeit als auch durch die Angst vor den möglichen beruflichen Konsequenzen. Das autonome Nervensystem fährt nun in gleicher Weise den Kreislauf hoch, wie dies auch bei starker Furcht oder gar einer akuten Angststörung passiert. Unser Gehirn wird in Alarmzustand versetzt. Das heißt, die typischen Angstreaktionen werden augenblicklich provoziert, um den Organismus auf Konfrontation vorzubereiten. Nur: *es gibt nichts zu bekämpfen*!

Sind Menschen dieser Art von negativem Stress überdurchschnittlich oft ausgesetzt, zum Beispiel am Arbeitsplatz (Mobbing) oder in Beziehungen (Partnerschaftsstress), dann ist es ratsam, einen Ausgleich zu schaffen. Es ist sehr sinnvoll, Entspannungsphasen mit körperlich anstrengenden Aktivitäten zu kombinieren, etwa Gymnastikübungen, Lauf- oder Kampfsport. Dies sorgt für den nötigen Frustabbau.

Neurowissenschaftliche Befunde zeigen, dass an Stressreaktionen insbesondere das autonome Nervensystem beteiligt ist. „Autonom" heißt dieses System deshalb, weil es selbstständig arbeitet. Es durchzieht den ganzen Körper und beeinflusst unter anderem die Muskulatur, Sinnesorgane und Blutgefäße des Herzens. Davon bekommen wird nichts mit.

Zum autonomen Nervensystem gehören der Sympathikus und der Parasympathikus. Stresszustände werden vom sympathischen System provoziert, welches die Ausschüttung von Stresshormonen wie Adrenalin anregt. Der Parasympathikus ist der „Gegenspieler", also für die *Ent*spannung zuständig. Normalerweise befinden sich beide Systeme in einem Gleichgewicht.

Hat der Sympathikus „Hochwasser", sind wir ständig auf 180. Eine Ursache dafür kann sein, dass Alltagssituationen als stresswürdig *bewertet* werden. Denn: „Stressiges Denken" zieht körperlichen Stress nach sich.

Bei zu viel negativem Stress sind folgende Konsequenzen nicht auszuschließen:

1. Das **Immunsystem schwächelt**, der Organismus wird anfälliger für Krankheiten.
2. Weil man nicht abschalten kann, verstärken sich innere **Unruhe** und **nervöses Auftreten**.
3. **Herz-Kreislauf-Erkrankungen** können verursacht werden.
4. Dauergestresste Menschen **sterben früher**.
5. Chronischer **Bluthochdruck** ist oftmals eine Folge von permanentem Stress.
6. **Angststörungen können ausgelöst werden**. Denn: „Dem ersten Panikanfall gehen meist psychophysiologische, körperliche und psychosoziale Belastungen voraus." (NEUDECK 2005, 19f.)
7. **Burn-out-Syndrom**.

Was kann man gegen negativen Stress tun? Drei Formen der Einflussnahme bieten sich an: (1.) *mit „gutem" Stress kontern*, (2.) die Denk-Automatismen *kognitiv umstrukturieren*, (3.) *in Gelassenheit üben*. Im Folgenden möchte ich kurz darauf eingehen.

Negativer Stress wird auch „Distress" genannt. Es gibt einen Gegenspieler: den „Eustress". Vor allem durch Sport lässt sich der Körper „gut" stressen. Beim Joggen beispielsweise werden zwar dieselben körperlichen Reaktionen provoziert wie auch bei negativem Stress.

Der Unterschied: Durch das Auspowern trainiere ich den Herzmuskel, aktiviere Glückshormone, tue etwas für meine Figur und sorge durch „natürliche" Müdigkeit für erholsamen Schlaf. Ferner kann ich durch Ausdauersport gezielt den Parasympathikus stimulieren. Zu positivem Stress gehört auch: befriedigender Sex, sich verlieben und Angstüberwindung.

Überlastete Menschen offenbaren meist auch irrationale Denkroutinen, bewerten sogar harmlose Konstellationen als „Stresssituationen".

Wichtig ist die *Neu*bewertung von unliebsamen Situationen. Ein erster Schritt in Richtung Persönlichkeitsentwicklung wäre es also, sich seine eigenen nachteiligen Stress-Definitionen bewusst zu machen, zu hinterfragen und alternative Gedanken zu entwickeln, positive. So kommen Sie aus dem Teufelskreis heraus, denn „gute" Gefühle werden letztlich die Folge von solchen Neubewertungen sein.

Beherzigen Sie auch die Anregung von DOZIER (2001, 328): „So weit wie möglich alle Situationen meiden, in denen man sich hilflos und ausgeliefert fühlt. Falls das nicht durchführbar ist, sollte man trotz der Umstände versuchen, eine optimistische und einigermaßen selbstsichere Haltung zu bewahren."

B

Beobachtung

Prinzipiell beginnt der soziale Wahrnehmungs- und (somit auch der) Beurteilungsprozess im Alltag immer dann, und das klingt zunächst lapidar, sobald zwei Menschen aufeinandertreffen und die Beobachterposition einnehmen (CORRELL 2003). In den ersten Sekunden der Begegnung laufen zahllose Operationen im Gehirn ab, die meisten auf unbewusster Ebene. Bereits in diesem kurzen Augenblick spielen darüber hinaus entstehende Gefühle eine große Rolle, die mit den aufgenommenen Reizen unwillkürlich und unbewusst verknüpft werden (ROTH 2003). Entsprechend ist eine professionelle Beobachtungskompetenz von vielen Faktoren abhängig. Wenn zum Beispiel Klienten einem fremden Mitmenschen gegenüber Sympathie entgegenbringen, dann sehen sie in der Regel nur positive Seiten an ihm (sog. Halo-Effekt), im umgekehrten Fall vorwiegend negative. Beides hat Auswirkungen. Meistens fehlt es Klienten im alltäglichen Umgang mit anderen an nichts Geringerem als *vorurteilsfreie Objektivität*, weshalb es in der Regel schnell zu Wahrnehmungs- und Beurteilungsfehlern kommt (› *Kommunikation und Konstruktivismus, Band 1*). Gerade Objektivität ist daher ein wichtiges Element im Umgang mit herausfordernden Erwachsenen. Nun sind auch professionelle Sozialarbeiter nicht immer dazu fähig, sich einfach nur der vorurteilsfreien Beobachtung im Berufsalltag hinzugeben. Selbst-Aufmerksamkeit ist daher sehr wichtig.

Beobachtungs-, Diagnose- und Arbeitsblätter

Beobachtungsbogen

Name des Klienten: _____

Beobachtungszeitraum: _____

Beobachtete Tests

_____

_____

Beobachtete Psychospiele

_____

_____

Beobachtete Appelle

_____

_____

Beobachtete Images

_____

_____

Beobachtete Schemamodi/Rollen

_____

_____

Lässt auf folgendes Schema/folgende Schemata schließen:

Das Rollen-Memo

Erinnerungskarte
Name des Klienten: _____

1. Benennen einer Situation, in der ich meine „fünf Minuten habe"

_____

_____

2. Erkennen der aktivierten Teil-Persönlichkeit

_____

_____

3. Anerkennen des unangepassten Denkens und Realitätsprüfung

_____

_____

4. Trennen vom alten und Festigung des neuen Verhaltens

_____

_____

Das Rollen-Tagebuch
(in Anlehnung an ARNTZ & VAN GENDEREN 2010, 142)

Schemamodus-Tagebuch
Name des Klienten: _____
Datum: _____
Positive Erfahrungen
_____
_____
Datum: _____
Positive Erfahrungen
_____
_____
Datum: _____
Positive Erfahrungen
_____
_____
Datum: _____
Positive Erfahrungen
_____
_____

Beobachtungs- und Reflexionsblatt 1: Klientenrollen

Name des Klienten: _____

Aufgabe: Zeichnen Sie in die unten platzierte Skizze ein oder zwei Schemamodi/Rollen ein, die ein „schwieriger" Klient in Ihrer Gruppe regelmäßig offenbart und somit entweder (a) sich selbst beeinträchtigt, (b) die Arbeit und/oder (c) das soziale Umfeld stört. Betiteln Sie Ihre Zeichnungen, indem Sie die Rollen mit dem Vornamen des Klienten verknüpfen (etwa Mobber-Thomas, Verarscher-Thomas usw.).

Frage 1: Wie sind Sie bisher mit entsprechenden Aktivierungen umgegangen?

_____

_____

Frage 2: Welche alternativen Vorgehensweisen ergeben sich in schemapädagogischer Hinsicht?

_____

_____

Beobachtungs- und Diagnoseblatt 2: Klientenimages

Name des Klienten: _____

Aufgabe: Fokussieren Sie zwei „schwierige" Schemamodi/Rollen, die ein „schwieriger" Klient in Ihrer Gruppe offenbart. Betiteln Sie die Rollen, etwa „Mobber", „Verarscher", mit dem Vornamen des Klienten (etwa Mobber-Thomas, Verarscher-Thomas usw.). Reflektieren Sie darüber, welche Images der Klient infolge der Schemamodi-Aktivierungen im Laufe der Zusammenarbeit kommuniziert hat.

Rolle 1: _____

- Image 1: _____
- Image 2: _____

Rolle 2: _____

- Image 1: _____
- Image 2: _____

Frage 1: Wie sind Sie bisher mit entsprechenden Images umgegangen?
_____
_____

Frage 2: Welche schemapädagogischen Vorgehensweisen ergeben sich?
_____
_____

Beobachtungs- und Diagnoseblatt 3: Kliententests

Name des Klienten: _____

Aufgabe: Fokussieren Sie zwei „schwierige" Schemamodi/Rollen, die ein „schwieriger" Klient in Ihrer Gruppe offenbart. Betiteln Sie die Rollen, etwa „Mobber", „Verarscher", mit dem Vornamen des Klienten (etwa Mobber-Thomas, Verarscher-Thomas usw.). Reflektieren Sie darüber, welche Tests der Klient infolge der Schemamodi-Aktivierungen im Laufe der Zusammenarbeit kommuniziert hat.

Rolle 1: _____

- **Test 1:** _____
- **Test 2:** _____

Rolle 2: _____

- **Test 1:** _____
- **Test 2:** _____

Frage 1: Wie sind Sie bisher mit entsprechenden Tests umgegangen?
_____
_____

Frage 2: Welche schemapädagogischen Vorgehensweisen ergeben sich?
_____
_____

Beobachtungs- und Diagnoseblatt 4: Klientenspiele

Name des Klienten: _____

Aufgabe: Fokussieren Sie zwei „schwierige" Schemamodi/Rollen, die ein „schwieriger" Klient in Ihrer Gruppe offenbart. Betiteln Sie die Rollen, etwa „Mobber", „Verarscher", mit dem Vornamen des Klienten (etwa Mobber-Thomas, Verarscher-Thomas usw.). Reflektieren Sie darüber, welche Psychospiele der Klient infolge der Schemamodi-Aktivierungen im Laufe der Zusammenarbeit kommuniziert hat.

Rolle 1: _____

- Psychospiel 1: _____
- Psychospiel 2: _____

Rolle 2: _____

- Psychospiel 1: _____
- Psychospiel 2: _____

Frage 1: Wie sind Sie bisher mit entsprechenden Psychospielen umgegangen?

_____
_____

Frage 2: Welche schemapädagogischen Vorgehensweisen ergeben sich?

_____
_____

Beobachtungs- und Diagnoseblatt 5: Klientenappelle

Name des Klienten: _____

Aufgabe: Fokussieren Sie zwei „schwierige" Schemamodi/Rollen, die ein „schwieriger" Klient in Ihrer Gruppe offenbart. Betiteln Sie die Rollen, etwa „Mobber", „Verarscher", mit dem Vornamen des Klienten (etwa Mobber-Thomas, Verarscher-Thomas usw.). Reflektieren Sie darüber, welche Appelle der Klient infolge der Schemamodi-Aktivierungen im Laufe der Zusammenarbeit kommuniziert hat.

Rolle 1: _____

- **Appell 1:** _____
- **Appell 2:** _____

Rolle 2: _____

- **Appell 1:** _____
- **Appell 2:** _____

Frage 1: Wie sind Sie bisher mit entsprechenden Appellen umgegangen?
_____
_____

Frage 2: Welche schemapädagogischen Vorgehensweisen ergeben sich?
_____
_____

Beurteilungsfehler, Allgemeines

Damit Beziehungen im sozialpädagogischen Alltag weitgehend funktionieren, stabil sind, wie man sagt, muss einiges zusammenkommen, genauer gesagt, harmonieren. Im Folgenden soll das Thema „erster Eindruck" noch einmal aufgegriffen werden, schließlich kann er sehr folgenreich sein.

Wohl so gut wie alle Klienten und Sozialarbeiter, davon kann man ausgehen, schätzen ihre Mitmenschen spontan anhand ihres gerade aktuellen Erscheinungsbildes ein – und empfinden dabei notwendigerweise Sympathie, Antipathie oder auch Desinteresse, wenn auch nur unterschwellig. Warum ist das so?

Der Hirnforscher JOACHIM BAUER (2007a) hat dieses Phänomen neurowissenschaftlich untersucht. Seine Erkenntnis: Unser Gehirn greift im Alltag aus ökonomischen Gründen (siehe unten) unter anderem auf bestimmte Einschätzungsmuster (› *Schema*) zurück, die auf früheren (dauerhaften) positiven beziehungsweis negativen Erfahrungen beruhen.

Die Konstruktion des sogenannten ersten Eindrucks läuft blitzschnell und daher irrationalerweise sehr ungenau ab. Das hat neurophysiologische Ursachen: Über fremde Mitmenschen immer wieder neu reflektieren zu müssen, wäre in Hinsicht auf den Hirnstoffwechsel auf Dauer sehr kostenintensiv, außerdem würde das ganze Prozedere schlicht und einfach zu lange dauern, was uns zu einem Nachteil in Hinsicht auf die Unversehrtheit unseres Körpers gereichen könnte (FÖRSTER 2008).

Das bedeutet aber im Umkehrschluss: Fremde Personen erscheinen uns unbewusst häufig in einem „altbekannten Licht". Das heißt, sie erinnern uns unterschwellig an andere Personen (› *Projektion, allgemein*).

Infolge der selektiven Wahrnehmung, die typisch menschlich ist, wird der Andere falsch eingeschätzt: Der Betreffende empfindet dem aktuellen Interaktionspartner gegenüber bestimmte Emotionen, die früher einmal in einer ähnlichen Situation relevant waren. Hieraus folgt: So manche Begegnung missglückt letztlich, weil mindestens einer der beiden Interaktionspartner unwillkürlich zu einem unvorteilhaften ersten Eindruck kommt.

Im Folgenden werden einige grundlegende Wahrnehmungsfehler bei der Personenwahrnehmung thematisiert, die wissenschaftlich gut untersucht wurden. Wir sind wahrscheinlich alle nicht frei davon.

Wer sie mittels Achtsamkeit bemerkt, kann sie bewusst unterdrücken, und gleichzeitig wirkt man auch nach außen hin authentischer.

Beurteilungsfehler Halo-Effekt

Dem sogenannten Halo-Effekt verfallen wahrscheinlich nicht wenige Sozialpädagogen und auch Klienten (engl.: „Halo", auf Deutsch: „Schein"). Infolge dieses Mechanismus schließen Betreffende, wenn sie auf unbekannte Personen im Alltag treffen, von *äußeren* Merkmalen automatisch auf *innere* Eigenschaften, genauer gesagt, auf den Charakter.

Das irrationale Motto, das in diesem Fall praktiziert wird, lautet dann in etwa: *Der Schein ist gleichzeitig das Sein.* Man kann sich leicht vorstellen, welche Vor- beziehungsweise Nachteile dieser Wahrnehmungsfehler für optisch anziehende beziehungsweise unattraktive Menschen nach sich ziehen kann.

Bereits eine einzige Äußerlichkeit, die uns auffällt, reicht aus, um Sympathie oder Antipathie zu empfinden. – Man sollte sich die möglichen Auswirkungen bewusst machen! Denn wenn Professionelle einen Klienten sympathisch beziehungsweise unsympathisch finden, hat das entsprechend Auswirkungen auf den Umgang.

Psychotherapeuten beispielsweise werden, besonders wenn sie eine tiefenpsychologisch orientierte Ausbildung durchlaufen, nicht ohne Grund schrittweise dazu befähigt, sich dahingehend zurückzuhalten. Man will entsprechend Gegenübertragungsprozesse unterbinden; denn die könnten den Therapieverlauf beeinträchtigen (MENTZOS 2009).

Beurteilungsfehler Rosenthal-Effekt

Sozialarbeiter sollten sich im Alltag nicht von „reizenden" beziehungsweise „tristen" Äußerlichkeiten blenden lassen. Das hat nämlich, wie oben schon erwähnt, nicht nur theoretische, sondern auch praktische Folgen. Leicht neigen wir dazu, intuitiv bestimmte *Erwartungen* in Abhängigkeit zu unserer Gefühlswelt an die betreffende Person heranzutragen, und das hat wiederum (unbewusst) Auswirkungen auf das eigene Verhalten (BIERHOFF 2006).

Der amerikanische Psychologe ROSENTHAL (geb. 1933) hat den eben angedeuteten Wahrnehmungsfehler entdeckt und wissenschaftlich untersucht. Mit seinen Mitarbeitern zusammen führte er 1968 seine bekannte Studie an einer Grundschule durch.

Nachdem er in verschiedenen Klassen Daten zum aktuellen Leistungsstand der Schüler erhoben hatte, erklärte er den Lehrern, das heißt, den Probanden, dass er mithilfe der Ergebnisse Auskunft über die *zukünftigen* Leistungen der einzelnen Mädchen und Jungen geben könne.

Einige Tage später trafen sich die Forscher erneut mit den Lehrern und benannten einzelne Schülerinnen und Schüler, die sich „höchstwahrscheinlich *sehr gut* entwickeln werden". Den Pädagogen war das Wichtigste aber nicht bekannt: *Die Kinder wurden nach dem Zufallsprinzip ausgesucht.*

ROSENTHAL erhob am Ende des Schuljahres erneut Daten in den Klassen. Folgendes Ergebnis trat zutage: Diejenigen Schüler, die man vorher per Zufallsprinzip zu den Leistungsstarken auserkoren hat, hatten tatsächlich im Vergleich zu den anderen „große Fortschritte" gemacht. Dies war aber kein Zufall, sondern beruhte auf einem innerpsychischen Mechanismus. Genauer gesagt: Das Ergebnis wurde von typisch menschlichen Faktoren seitens der Lehrerschaft beeinflusst:

1. Viele Pädagogen *überschätzten* die „Überflieger" und benoteten sie infolgedessen besser;
2. Die „leistungsstarken" Heranwachsenden *entwickelten* sich deshalb zu Leistungsträgern, weil sie besondere Förderung vonseiten der Lehrer erfuhren.

Das Phänomen, das bei diesem Experiment untersucht wurde, taucht hin und wieder auch im „normalen", das heißt, sozialpädagogischen Alltag auf.

Auch Sozialarbeiter sind davon betroffen. Das heißt, wir Professionelle manipulieren wahrscheinlich unbewusst manche Klienten, auf die wir treffen. Vielleicht motivieren wir sie dazu, genau *dasjenige Verhalten zu zeigen, was wir von ihnen erwarten*; dabei muss es sich nicht zwangsläufig um positive Angelegenheiten handeln. (Dieses Phänomen wird auch „sich selbst erfüllende Prophezeiung" genannt.)

Bindungstheorie

Auch die sogenannte Bindungstheorie beschäftigt sich mit den sozialen Verhältnissen in der Kindheit und den daraus resultierenden Auswirkungen für den Einzelnen.

Eng mit dieser Theorie verbunden sind unter anderem die Namen JOHN BOWLBY (1973) und MARY AINSWORTH (1968). Das Fazit der Bindungsforscher lautet: Die Qualität der Bindung, die zwischen der Mutter und ihrem Kind besteht, ist maßgeblich ausschlaggebend für die spätere Entwicklung und Beziehungsfähigkeit des Heranwachsenden. Denn die erlebte Beziehungsqualität wird nach und nach zu eigenen Erwartungsmustern (hier zu: „Arbeitsmodellen").

Bindung – das scheint ein evolutionärer Mechanismus zu sein, wir Menschen teilen ihn mit allen Säugetieren. Das Bindungsbedürfnis offenbart sich vor allem darin, dass Menschen- (und Tier-)Babys eigenmotiviert eine bestimmte Bezugsperson auswählen, meistens die Mutter, und mit ihr eine Beziehung aufbauen (wollen).

Dies ist zunächst einmal sinnvoll, schließlich steht das Überleben des Individuums in den ersten Lebensmonaten im Vordergrund (Menschenbabys sind ja von Geburt an erst einmal „hilflose Nestflüchter").

Auf der anderen Seite hilft die Bezugsperson dem Säugling dabei, nach und nach die Kompetenz zur Emotionsregulation zu entwickeln. Dazu ist das Menschenkind lange Zeit gar nicht imstande. Wenn es etwa „gestresst" ist, schreit es einfach. Die Bezugsperson hat dann die Aufgabe, aus dem „schlechten Gefühl" durch aktives Beruhigen schrittweise ein „positives" anzuregen.

Die Mutter hat entsprechend eine sehr große Verantwortung. Sie ist in Sachen Emotionsregulation *das* Modell schlechthin – im Guten wie im Schlechten (SCHORE 2007).

Das heißt, es liegt an ihrem Charakter und Auftreten, wie sich die noch im Aufbau befindlichen Schaltkreise im Gehirn ihres Kindes ausgestalten.

In der Regel geschieht dies *spiegelbildlich*. Die kindliche Emotionsregulation entspricht so gesehen irgendwann der mütterlichen, und sie verfestigt sich. Sind Mütter oft gestresst, überfordert usw., so stressen und überfordern sie auch durch affektive Kommunikation („Jetzt sei doch mal ruhig, verdammt noch mal!") ihren Nachwuchs.

Und das hat meistens lebenslange Auswirkungen, da sich die Erfahrungen, wie oben schon erwähnt, in das kindliche Gehirn regelrecht „einbrennen", sprich zu Schemata werden können.

Die Qualität der Bindung hat auch Folgen für den sogenannten eigenen *Bindungsstil*. Damit ist die allgemeine Beziehungsprägung gemeint, die Kinder und auch Erwachsene in ihre eigenen Beziehungen zu ihren Mitmenschen einbringen.

Viele Studien zum Thema Bindungsstil wurden im Rahmen der Bindungsforschung durchgeführt. *Verschiedene* Bindungsstile können beispielsweise mit der sogenannten „fremden Situation" nachgewiesen werden. Dabei werden Kinder für kurze Zeit von ihrer Mutter getrennt und dabei beobachtet.

Folgende vier Stile wurden in zahllosen Forschungsprojekten immer wieder beobachtet:

- *sicherer* Bindungsstil,
- *unsicher-ambivalenter*,
- *unsicher-vermeidender* sowie der
- *desorganisierte* Bindungsstil.

Die **sicher gebundenen Kinder** haben mit der temporären Trennung von der Mutter kein Problem. Die meisten sind lediglich ansatzweise traurig, sobald ihre Erzieherin den Raum verlässt. Sie interessieren sich aber schnell für ihre Umwelt, explorieren (erforschen) sie und beschäftigten sich spielend mit sich selbst. Kommt die Bezugsperson wieder in den Raum, treten sie freudig mit ihr in Kontakt, suchen die körperliche Nähe und lassen sich trösten. In diesem Fall kann man von einer förderlichen Beziehung zwischen Mutter und Kind sprechen.

Anders sieht die Sachlage beim **unsicher-ambivalenten Bindungsstil** aus. Die betreffenden Kinder sind in Anwesenheit ihrer Mutter angespannt, gestresst. Sobald sie sich von ihnen abwendet, beschäftigen sie sich entweder mit sich selbst oder aber sie weinen heftig und wollen klammern. Tritt die Erzieherin dann wieder an sie heran, zeigen sie ambivalente Reaktionen. Bindungsforscher nehmen an, dass die Mütter solcher Kinder ein eher ambivalentes Erziehungserhalten zeigen, auf das sich der Nachwuchs nicht einstellen kann (extreme Nähe vs. übertriebene Distanz).

Kinder, die einen **unsicher-vermeidenden Bindungsstil** ausgeprägt haben, reagieren auf eine Trennung wenig bis gar nicht. Die Kleinen beschäftigen sich mit sich selbst. Taucht ihre Bezugsperson wieder auf, zeigen sie sich ebenfalls unbeeindruckt. Sie erwarten demnach wenig bis gar nichts von ihrer Mutter. Man nimmt an, dass hinter einem solchen Stil die Erfahrung steht, dass man eher auf sich alleine gestellt ist.

Extreme Verhältnisse liegen beim sogenannten ***desorganisierten Bindungsstil*** vor. Die betreffenden Kinder offenbaren bereits im Beisein ihrer Mutter Verhaltensauffälligkeiten, die auf eine schwach ausgeprägte Emotionsregulation schließen lassen. Sie sind gewissermaßen einmal aggressiv, dann hilflos und aus heiterem Himmel plötzlich ängstlich. Werden Heranwachsende mit diesem Bindungsstil von ihrer Bezugsperson verlassen, bleibt das überhöhte Aktionsniveau bestehen. Bei der Rückkehr der Mutter werden wieder unerwartete Verhaltensweisen offenbart (schreien, weinen, Fluchttendenzen). Sie lassen sich nicht von ihrer Erzieherin beruhigen. Hinter diesem Phänomen wird eine stark gestörte Mutter-Kind-Beziehung vermutet. Vielleicht wird zu Hause seitens der Erwachsenen ambivalent agiert. Eventuell spielen auch Gewalt- und Missbrauchserfahrungen eine Rolle. In Hinsicht auf die Ursachen sind sich Bindungsforscher noch uneins (SCHORE 2008).

Bindungstheorie und Schemapädagogik
Die Bindungsforschung hat die Bedeutung der Kindheit für das weitere Leben vielfach herausgestellt. Die Erkenntnisse lassen sich auch gut mit der Schemapädagogik verbinden, wenngleich noch theoretisch. Empirische Untersuchungen in diese Richtung wurden zwar noch nicht durchgeführt, aber man kann sicherlich davon ausgehen, dass die vier verschiedenen Bindungsstile mit diversen Schemata und Schemamodi korrelieren.

In der folgenden Tabelle sind solche (hypothetischen) Zusammenhänge aufgeführt, die, wie schon erwähnt, erst noch wissenschaftlich untersucht werden müssen. Die Übersicht soll vor allem in Bezug auf die Beobachtungsphase hilfreich sein, wenn es darum geht, Verhaltensauffälligkeit mit verschiedenen Schemata und Schemamodi zu erklären. Dies ist die Grundlage der später folgenden schemapädagogischen Interventionen.

Bindungstyp	Beteiligte Schemata	Beteiligte Schemamodi
Sicher	Kein maladaptives Muster vorhanden	Glückliches Kind Gesunder Erwachsener
unsicher-ambivalent	Abhängigkeit/Inkompetenz Unzulänglichkeit/Scham Verstrickung/Unentwickeltes Selbst Unterwerfung/Unterordnung	Verletzbares Kind Innere Antreiber (nach innen und außen wirkend) Manipulierer, Trickser, Lügner Unterordnender Modus Impulsiv-undiszipliniertes Kind
unsicher-vermeidend	Emotionale Vernachlässigung Emotionale Gehemmtheit Soziale Isolation Aufopferung	Ärgerliches Kind Distanzierter Beschützer Distanzierter Selbstberuhiger Zwanghafter Kontrolleur
Desorganisiert	Misstrauen/Missbrauch Bestrafungsneigung Negatives hervorheben Anspruchshaltung/ Grandiosität Unzureichende Disziplin/ Selbstkontrolle Soziale Isolation	Aggressiver Beschützer Selbsterhöher Schikanierer- und Angreifer-Modus Manipulierer, Trickser, Lügner Zerstörer-/Killermodus Innere Bestrafer (nach innen und außen wirkend)

E

Empathie

Ungemein wertvoll im sozialpädagogischen Alltag ist die Fähigkeit, dem Klienten das Gefühl zu vermitteln, dass man seine Sichtweise nachvollziehen, das heißt ihn verstehen kann. „Empathie bedeutet ein respektvolles Verstehen der Erfahrungen anderer Menschen" (ROSENBERG 2001, 103). Diese Einstellung, aus der Humanistischen Psychologie stammend, ist wahrscheinlich deshalb so wertvoll und beeindruckend, weil sie so wenige Menschen haben.

Freilich werden emphatische Sozialarbeiter wegen dieser Eigenschaft auch oft ausgenutzt, sei es von Kollegen oder eben von Klienten. Denn wer die Emotionen des Anderen nachvollziehen und (noch besser) „spiegeln" kann, der sorgt dafür, dass der Gesprächspartner etwa „Dampf ablassen" kann.

Wer Empathie aufbringen will, der muss vor allem eines können: zuhören. Sind Klienten emotional aufgebracht, bringt es nicht viel, sie zu berichtigen, zu kritisieren usw.

Es reicht schon aus, einfach nur „da zu sein"; aber das bedeutet nicht, dass der Empathieprozess passiver Art ist. Professionelle müssen sich in den relevanten Alltagssituationen voll auf das Gegenüber konzentrieren; man muss (wie gesagt) aktiv zuhören können.

Ganz wichtig in dieser Hinsicht ist auch die emotionale Anpassungsfähigkeit. Wenn Klienten auf den Sozialarbeiter mit einem ernsten Anliegen zukommen und entsprechend traurig sind, ist es sinnvoll, zumindest ansatzweise eine entsprechend (angepasste) Mimik zu zeigen. Das heißt, man muss sich einfühlen können (zumindest sollte man sich vor dem Hintergrund der komplementären Beziehungsgestaltung darum bemühen).

Erziehungsbedürftigkeit

Das neugeborene Individuum muss erzogen und herangebildet werden, daran besteht seit den bahnbrechenden Erkenntnissen der Bindungstheorie kein Zweifel mehr (vergleiche BOWLBY 1973).

Bestenfalls wird dies, formal und unvoreingenommen betrachtet, von den leiblichen Eltern übernommen, stellen sie doch die wichtigste Sozialisationsinstanz dar: die Primärgruppe, wie die Soziologen sagen.

Bereits in der griechischen Antike wurde die Kindeserziehung ganz auffällig groß geschrieben. Der Philosoph PLATON beispielsweise hatte in seiner Theorie vom idealen Staat im Sinn, die zukünftigen Denker und Lenker von Gesellschaften 50(!) Jahre lang zu erziehen und zu bilden, und zwar in Kunst, Literatur, Musik, natürlich Philosophie usw. In der Epoche des Humanismus erlebte der Stellenwert der Erziehung dann einen wahren Höhenflug.

Zu Beginn des 20. Jahrhunderts entstand eine „anthropologische[3] Bewegung". Die Krone der Schöpfung, der Mensch, geriet schwerpunktmäßig in den Fokus der Humanwissenschaften. (Homo sapiens war natürlich zu allen Zeiten Gegenstand zahlreicher Philosophen.)

Verschiedene Denker und wissenschaftliche Autoren präzisierten in diesem Zeitraum bis heute die Erziehungsbedürftigkeit (vergleiche HAMANN 1998). Einige Autoren und deren Thesen werden im Folgenden genannt und kurz beschrieben.

Der Mensch ist nach dem Soziologen A. GEHLEN ein „Mängelwesen" – im Gegensatz zum Tier ist Homo sapiens instinktreduziert – und daher in gewisser Hinsicht nach der Geburt hilflos. Auch ein Organmangel macht uns aus: es fehlen hauptsächlich natürliche Angriffs- und Verteidigungsorgane. Der wesentliche

---

[3] Die Anthropologie ist die Wissenschaft vom Wesen des Menschen (lat.: anthropos = der Mensch, logos = Lehre oder Wissenschaft).

„Vorteil" des Menschseins liegt darin, dass wir nach GEHLEN ein „Sonderentwurf" der Natur sind.

Wir können und müssen uns demnach im *Handeln* verwirklichen. Die gesellschaftlichen Institutionen sollen behilflich sein bei der Vergesellschaftung. Nun, wie wir wissen, sind sie das auch, leider vermitteln sie uns im Allgemeinen darüber hinaus negative Sprachmuster, die maßgeblich an der Existenz vieler zwischenmenschlicher Übel beteiligt sind.

A. PORTMANN, ein Schweizer Zoologe, der sich auf Mensch-Tier-Vergleiche spezialisierte, verweist auf die Tatsache, dass der Mensch unmittelbar nach der Geburt ohne „Hilfe von außen" nicht überleben würde.

Der Mensch ist danach eine „physiologische Frühgeburt". Das heißt, dass wir im biologischen Verständnis mehr Zeit im Uterus verbleiben müssten, wie dies auch bei anderen Säugern üblich ist. Die „Frühgeburt" ermöglicht letztendlich erst Weltoffenheit und Lernfähigkeit.

Ohne Kultur wäre es uns unmöglich zu überleben. Kultur bedingt die menschliche Gesellschaft. Institutionen sind demnach im weitesten Sinn „Hilfestellungen", damit sich das „humane Potenzial" entfalten kann.

Es ist unbestreitbar, dass junge Menschen in die Gesellschaft integriert werden müssen. Auch müssen Heranwachsende die Freude an der Gemeinschaft lernen. Starke Persönlichkeiten bedürfen ferner der Kompetenz, die gesellschaftlichen Aufgaben und sonstigen Widerstände zu bewältigen, damit das Leben durch Aktivität, Liebe und Arbeit gemeistert werden kann.

Erziehungsberatung

Erziehungsberatung wird wie die SPFH (› *Familienhilfe, sozialpädagogische, Band 1*) als Hilfe zur Erziehung definiert (MENNE 2008). Vorwiegend wird sie angeboten von Erziehungsberatungsstellen. Es handelt sich um ein sogenanntes niedrigschwelliges Angebot.

Erziehungsberatung ist unverbindlich, kostenfrei, und Interessenten können theoretisch sogar in den Sprechstundenzeiten die Räumlichkeiten ohne telefonische Anmeldung betreten.

Erziehungsberatung hat das Ziel, Einzelne, aber auch Partner und Familien bei der Bewältigung von Problemen zu unterstützen. Oft geht es um Fragen rund um Partnerschaft und Erziehung, auch um Verhaltensauffälligkeiten von Kindern und Jugendlichen.

Der Ablauf einer Beratung entspricht dem üblichen Prozedere, das in psychosozialen Arbeitsfeldern vorherrscht: Zunächst findet die psychosoziale Diagnostik statt, dann wird das jeweilige Problem konkret geklärt und eingeordnet, schließlich werden gemeinsam Interventionen beschlossen.

Im deutschen Sprachraum weit verbreitet sind beratungsspezifische Interventionen, die in der Tradition der humanistischen Psychologie stehen. Ergänzt werden diese Ansätze durch tiefenpsychologische und familientherapeutische Konzepte.

Der Hilfeplan für den Einzelnen beziehungsweise für die Familie wird parallel auch meistens im Team besprochen, um ein möglichst ausdifferenziertes Konzept zu erstellen.

In der Regel sind in einem Erziehungsberatungsstellen-Team folgende Berufsgruppen vertreten: Psychologe, Sozialarbeiter/Sozialpädagoge, Kinder- und Jugendlichenpsychotherapeut, manchmal auch ein nebenamtlich tätiger Arzt. Das heißt, das Angebot an einer Erziehungsberatungsstelle reicht bei Bedarf über die Beratung hinaus (HUNDSALZ 1995).

Beispiel Schemapädagogik in der Erziehungsberatung

Ein Familienvater sucht mit seiner Frau die Erziehungsberatungsstelle auf. Der Grund, so erzählte er der Fachkraft eine Woche vorher am Telefon, sei das Verhalten von Tochter Lara (15). „Seit einem halben Jahr gibt es Probleme", eröffnet der 50jährige Buchhalter dem Erziehungsberater, Herrn K.

*Bei den Schilderungen der Vergehen der Jugendlichen wirkt er sehr förmlich und ernst **(möglicherweise ein Hinweis auf das Schema Emotionale Gehemmtheit)**; er könne nicht verstehen, wieso seine Tochter nicht „so funktioniert wie sonst" (Man müsse vielleicht die „Kontrollen" verstärken und mehr Verbote erlassen **(eventuell: Anzeichen für das Schema Bestrafungsneigung)**.*

*Lara wird aus Sicht der Eltern „immer aufmüpfiger". Besonders die Mutter, eine 46jährige Grundschullehrerin, ist darüber sehr besorgt. Sie meint, ihre Tochter solle die „Spinnereien unterlassen" und sich mehr auf die Schule konzentrieren, denn das wäre ja das A und O im Leben **(eventuell: Anzeichen für das Schema***

Überhöhte Standards) (die schulischen Leistungen von Lara verschlechterten sich trotz ihrer Zusicherung, mehr zu lernen). – **(Modus Manipulierer, Trickser, Lügner)**.

Die Eltern vermuten außerdem Drogenmissbrauch (Marihuana) **(eventuell: Modus Distanzierter Beruhiger)**. Als „sehr schlimm" wird ferner empfunden, dass die Jugendliche seit einiger Zeit einen festen Freund hat. Dies wäre doch viel zu früh! Zu ihrer Zeit, so die Eltern weiter, hätte es „so etwas" nicht gegeben **(weiterer Hinweis auf das Schema Emotionale Gehemmtheit)**.

Der Erziehungsberater notiert sich die Informationen und gibt irgendwann seine Verwunderung darüber zum Ausdruck, dass die Person, um die es ausschließlich geht, gar nicht anwesend ist. Die beiden Erziehungsberechtigten erklären dem professionellen Helfer, dass erst ein Gespräch „unter Erwachsenen" stattfinden müsse, man sollte „an einem Strick ziehen", geeignete Strategien im Voraus entwickeln und dann umsetzen. Sie müsse wieder auf „den rechten Weg" gebracht werden **(Hinweis auf das Schema Bestrafungsneigung)**.

Abschließend richtet der Vater sein Wort an die Fachkraft: „Wir werden das zusammen schon wieder hinbekommen, nicht?" **(Test)** Der Erziehungsberater bejaht die Frage authentisch **(komplementäre Beziehungsgestaltung)**. Man einigt sich darauf, dass ein Einzelgespräch zwischen Berater und Tochter stattfinden soll, daraufhin verabschiedet man sich voneinander.

Zwei Wochen später betritt Lara die Räumlichkeiten der Erziehungsberatungsstelle. Ihr Outfit ist unauffällig. Auf die Begrüßung seitens Herrn K. reagiert sie nicht, sie setzt sich offensichtlich gelangweilt vor ihn und hat noch die Stöpsel ihres MP3-Players in den Ohren **(Test)**. Auf ihren Satz „Ich bin nur hier, weil meine Eltern das so wollen" **(Test)** reagiert er nicht. Stattdessen erwidert er: „In meiner Jugendzeit waren das noch richtig große Kopfhörer! Lass man hören, was für Musik im Moment up to date ist." **(komplementäre Beziehungsgestaltung)** Sie ist zunächst baff, geht aber auf die Aufforderung ein.

Danach erklärt Herr K. ganz allgemein seinen Arbeitsbereich und beschließt seine Ausführungen mit dem Satz: „Deine Eltern machen sich Sorgen um dich." Sie meint, das würde sie freuen **(Test)**. Sie habe die ganze „Scheißsituation zu Hause" satt **(Selbsterhöher/Wichtigtuer)**. Lara zeichnet ein völlig anderes Bild als ihre Eltern. Sie berichtet, dass sie immer die Vorzeigetochter war, die „funktionieren musste". Nun wäre Schluss damit, und sie hätte ein neues Hobby gefunden; es hat den Namen: „Provozieren – wo es nur geht" (**Schikanierer- und Angreifer-Modus**). Herr K. will wissen, warum sie in der Schule nachgelassen hat. Ihre Antwort: „Weil ich ihnen damit richtig wehtun kann – und das tut mir gut!" (**Schikanierer- und Angreifer-Modus**)

In Zukunft will sie nach eigenen Angaben „lauter neue Dinge" ausprobieren, zum Beispiel das erste Mal Sex haben – und es den Eltern „unter die Nase reiben" (**Schikanierer- und Angreifer-Modus**).

Schemapädagogische Analyse und Interventionen
Zwischen Eltern und Kind hat sich ein maladaptiver Interaktionszirkel entwickelt Sie meinen: „Wir kontrollieren dich, weil du uns entgleitest"; sie meint „Ich entgleite Euch, weil Ihr mich kontrolliert." Dies führt aufseiten der Tochter zur Ausprägung von drei maladaptiven Schemamodi: Manipulierer, Trickser, Lügner; Schikanierer- und Angreifer-Modus; Selbsterhöher/Wichtigtuer.

Die Eltern offenbaren eine konservative Einstellung. Eventuell liegen bei ihnen die Schemata Emotionale Gehemmtheit und Bestrafungsneigung vor.

Zunächst sollte mit der Tochter alleine gearbeitet werden, da sich an der Position der Eltern zu Beginn der Arbeit erfahrungsgemäß wenig ändern lässt. Bei ihnen sollte vorrangig komplementärer Beziehungsaufbau praktiziert werden. Die Heranwachsende wird ins Schemamodi-Modell eingeführt und kann dadurch die Hintergründe ihrer überkompensierenden Verhaltensweisen erkennen und sie mithilfe von Schemamodus-Memos fassbar machen. Gleichzeitig wird ressourcenorientiert gearbeitet.

Die Eltern werden irgendwann in die Gespräche miteinbezogen und ebenfalls in das Modus-Modell eingeführt. Daraufhin wird ein Hilfeplan erstellt, Kompromisse werden außerdem erarbeitet, die durch Hausaufgaben gefestigt werden. Das heißt, die Erzieher sollten sich in Hinsicht auf ihre Kontrollambitionen zügeln, die Tochter kann sich im Zuge dessen wieder mehr auf ihre Stärken konzentrieren.

H

Heimerziehung

Heime sind sozialpädagogische Einrichtungen der Jugendhilfe. Dort werden Kinder und Jugendliche mittel- bis längerfristig stationär untergebracht, sobald sie aus verschiedenen Gründen nicht mehr in ihrer Herkunftsfamilie bleiben können beziehungsweise wollen (LATTSCHAR 2006). Die Betreuung findet rund um die Uhr statt.

Heimeinrichtungen werden oft als Kinder- und Jugendheim bezeichnet, aber auch andere Termini sind geläufig (Waisenhaus, Kinderheim, Erziehungsheim). Solche Einrichtungen gelten als „klassische Heimeinrichtungen" (VOGELSBERGER 2002, 134). In Hinsicht auf die pädagogischen Konzeptionen in der Heimerziehung herrscht eine große Vielfalt vor.

Die Gründe, wieso Kinder und Jugendliche in ein Heim kommen, sind sehr unterschiedlich. Häufig stammen die Betreffenden aus sogenannten Multiproblemfamilien.

Einige Beispiele für diese Familien sind (MORGENSTERN 2006, 58):

- Ein-Eltern-Familien (Anlass für eine Aufnahme: Aufgrund etwa einer Scheidung können die Kinder nicht mehr betreut werden),
- Familien mit Heranwachsenden, „die nicht erwünscht" sind,

> Familien, die wirtschaftlich benachteiligt sind (Arbeitslosigkeit, schlechte Wohnverhältnisse usw.),
> Familien mit schwer erziehbaren Kindern,
> Familien, die relevant in Hinsicht auf Kindeswohlgefährdung sind (etwa Vernachlässigung, Misshandlung, sexueller Missbrauch oder Ähnliches).

Der Heimalltag wird von den pädagogischen Fachkräften bewusst strukturiert und gestaltet. Hierzu gehört etwa die Ordnung des Tagesablaufs, die Verteilung und Übernahme verschiedener Aufgaben, aber auch die Organisation der Reaktionen auf pädagogisch relevante Vorkommnisse in der Einrichtung (BROCK-SCHNIEDER & ULLRICH 1997, 251).

Die Kinder und Jugendlichen können auf ein breites Angebot zurückgreifen. Es gibt Gemeinschaftsräume, meistens sind Anlagen zur sportlichen Betätigung vorhanden (Spiel- und Sportplatz, Freizeiträume). – Erzieher, die im Heim arbeiten, bieten auch verschiedene Projekte an, etwa aus den Bereichen Musik, Film, Entspannung.

Kontakte zu ortsansässigen Einrichtungen (Schule, Verein, Ausbildungsbetriebe usw.) werden gewöhnlich aktiv gepflegt – ein Hinweis auf die Wertschätzung des sogenannten systemischen Arbeitens.

Ein sehr zentrales Ziel, das die Heimerziehung verfolgt, ist die Rückkehr des Heranwachsenden in seine Herkunftsfamilie. Wenn dies aus verschiedenen Gründen nicht möglich ist, liegt der Schwerpunkt auf der Sozialisation, die später einmal ein selbstständiges und verantwortungsbewusstes Leben ermöglichen soll. Entsprechend werden verschiedene Kompetenzen gefördert (LATTSCHAR 2006).

Andere Formen der Heimerziehung sind: Kinderdörfer, Wohngruppen, betreutes Wohnen und Erziehungsstellen.

Neurobiologische Voraussetzungen und die sich daraus ergebenden Aufgaben für Schemapädagogen
Man kann annehmen, dass viele Kinder und Jugendliche, die die Heimerziehung in Anspruch nehmen, im Durchschnitt eher unvorteilhafte Beziehungsmuster erlebt haben (siehe Beschreibung der Multiproblemfamilien).

Neurobiologische und bindungstheoretische Befunde legen nahe, dass unter solchen Voraussetzungen vorwiegend maladaptive Schemamodi und Schemata entstehen. Wer seit der Kindheit über Jahre hinweg Strategien entwerfen musste, um sich an die soziale Umwelt mitsamt ihrer zahlreichen Schattenseiten anzupassen, der interpretiert später hinaus „normale soziale Beziehungen" infolge unvermeidlicher Aktivierungen verschiedener innerpsychischer Strukturen unbewusst als „abnormal".

Die vielen verzerrten Bilder, die man von sich selbst und von Beziehungen insgesamt hat, stimmen dann nicht mehr mit dem alltäglichen „normalen" Erleben überein. Aktiv versuchen entsprechend belastete Kinder und Jugendliche, ihre spezifischen Erwartungshaltungen, die in ihren ersten Lebensjahren in den neuronalen Netzwerken des Gehirns abgespeichert wurden, auch in der Realität bestätigt zu sehen. Das bedeutet: Es kommt in Hinsicht auf die Interaktion zwischen Kindern und Jugendlichen sowie Heranwachsenden und Erzieher relativ häufig zu Schema- und Schemamodi-Aktivierungen.

Vermehrt dürften Erzieher auf folgende Schemata stoßen:

- *Emotionale Vernachlässigung* (der betreffende Heranwachsende wirkt häufig emotionslos und unnahbar),
- *Verlassenheit/Instabilität* (Heranwachsende gehen nur widerwillig Beziehungen ein, weil sie glauben, dass sie nicht verlässlich, sondern letztlich enttäuschend sind),
- *Soziale Isolation* (wenig bis gar keine Motivation, sich in eine Gruppe zu integrieren, Einzelgängertum),
- *Unterwerfung/Unterordnung* (das Schema bringt Betreffende dazu, sich in Gesprächen zu passiv zu verhalten und sich dominieren zu lassen; führt oft zum Mitläufertum).

Diese schematheoretischen und -praktischen Gegebenheiten erfordern vom Erzieher verschiedene Kompetenzen:

- Ein hohes Maß an Frustrationstoleranz.
- Diagnostische Fähigkeiten in Hinsicht auf Tests, Appelle und Psychospiele.
- Ausgeprägte Fähigkeit zur komplementären Beziehungsgestaltung und zur empathischen Konfrontation.

Dem Schemapädagogen ist klar, dass pädagogische Interventionen immer noch die Kinder und Jugendlichen innerpsychisch gut erreichen (können), denn gerade in der Pubertät kommt es noch einmal zu massiven „Umbaumaßnahmen" im Gehirn. Diese Tatsache macht Mut!

Beispiel: Schemapädagogik in der Heimerziehung

> *Thomas (15) ist der jüngste Neuzugang. Er wird in eine Gruppe integriert, die vorwiegend aus Gleichaltrigen besteht. Die Clique wird schnell von ihm durchschaut, und er gesellt sich zu den eher problematischen Heranwachsenden (**eventuell: Erduldung des Schemas Misstrauen/Missbrauch**). Den professionellen Helfern gegenüber ist er höflich, ja geradezu überfreundlich (**Modus Manipulierer, Betrüger, Trickser**). Auf den ersten Blick scheint er kein „Wässerchen" trüben zu können. (**Modus Manipulierer, Betrüger, Trickser**). Seine eher schmächtige Statur unterstützt diesen ersten Eindruck.*
>
> *Mareike (21) die ihr Berufspraktikum im Rahmen ihrer Erzieher-Ausbildung zur selben Zeit absolviert, durchschaut Thomas als Erste. Sie bekommt mit, wie er hinter dem Rücken der anderen Fachkräfte den körperlich schwächeren Jugendlichen übel mitspielt (**Schikanierer- und Angreifer-Modus**).*
>
> *Zwei Monate nach seiner Integration mehren sich die Diebstähle im Heim. Einmal wird die Kasse leergeräumt. Drei Stuhlkreise finden statt, die Mareike mit betreut. Spannung wird aufgebaut. Einer der Jugendlichen hält die Konfrontation nicht mehr aus und verpetzt Thomas. Er hätte die Kasse aufgebrochen und das Geld entnommen. Thomas flippt völlig aus (**Ärgerliches beziehungsweise Wütendes Kind**). Nach einem Tobsuchtsanfall (**dito**), den die Betreuer nur mühsam in den Griff bekommen, bricht er zusammen und weint (**Verletzbares Kind**).*
>
> *Mareike kümmert sich nach diesen Vorfällen konkret um Thomas. Die ersten Kontaktversuche verlaufen so, wie sie es erwartet: Der Jugendliche tritt ihr gegenüber unspektakulär auf, so als wäre alles in bester Ordnung (**Modus Manipulierer, Betrüger, Trickser**). Sie kommt nicht an ihn er heran, der Jugendliche windet sich immer wieder sehr professionell aus Situationen, die „Gefahr" laufen, persönlich zu werden (**Distanzierter Beschützer**). Die Erzieherin liest seine Akte und erfährt unter anderem, dass Thomas mit 13 Jahren – bevor sich seine Eltern trennten – einmal in einem Fußballverein angemeldet war.*

*Im Internet bestellt sie eine Biografie über den portugiesischen Profi-Fußballer Christiano Ronaldo. Als das Buch ankommt, legt sie es ihm unter das Kissen in seinem Bett (**komplementäre Beziehungsgestaltung**).*
*Die Beziehung wird persönlicher und informeller (**Beziehungskredit entsteht**). Das Thema Christiano Ronaldo erweist sich als „Volltreffer". (Es ist der Lieblingsspieler von Thomas.) Nach und nach kommen die beiden immer öfter miteinander aus. In ihrem Beisein wirkt er – authentisch – nett und verzichtet auf die Angriffe gegen die Gleichaltrigen (**Anzeichen eines entstehenden Beziehungskredits**).*
Eines Tages – man unterhält sich wieder über Fußball – stimmt die Chemie, und die Erzieherin sagt: „Sag mal, unter uns: Manchmal kommt schon so ein kleiner Abstandhalter-Thomas in dir raus, gell?" Thomas' Mimik erstarrt. Sie sagt schnell: „Na, wenn dich jemand wirklich kennen lernen will, du weißt schon." Thomas muss grinsen.
*Ab diesem Zeitpunkt gilt „Abstandhalter-T." als Arbeitsbegriff für die beiden (**Beginn der Arbeit mit einem maladaptiven Schemamodus**). Die Beziehung wird immer besser, und Thomas gelingt es, mithilfe von Achtsamkeit seinen maladaptiven Schemamodus in den Griff zu bekommen (**Stärkung des Modus des Gesunden Erwachsenen**). Ein Schemamodus-Memo, das beide gemeinsam erstellen, hilft ihm dabei.*

Thomas offenbart verschiedene maladaptive Schemamodi: Schikanierer- und Angreifer-Modus; Manipulierer, Trickser, Betrüger und Distanzierter Beschützer. Anscheinend fällt er in der Einrichtung recht schnell in sein altes Verhalten zurück (maladaptive Schemamodi entstehen bekanntlich schon in der frühen Kindheit und stellen eine breite Basis an Motivationen dar).
Die Erzieherin verwirklicht eine komplementäre Beziehungsgestaltung. Über die Biografie über den Fußballprofi findet sie Zugang zu Thomas. In „einem guten" Moment führt sie ihn in das Schemamodus-Modell ein. Sie thematisiert den Modus Distanzierter Beschützer. Anscheinend hat sie einen guten Eindruck auf den Heranwachsenden gemacht, denn ohne Beziehungskredit werden in der Regel keine Schemamodus-Memos erstellt.
Es wäre sinnvoll, wenn sich die Erzieherin auch zukünftig um die anderen beiden maladaptiven Schemamodi kümmern würde.

Hypochondrie

Klienten mit dieser Angststörung *sind* der felsenfesten Überzeugung, „krank" zu sein. An dieser „Wahrheit" kann kein Sozialarbeiter, geschweige denn Arzt der Welt etwas ändern. Wenn ein Fachmann sagen würde: „Ich habe Sie komplett durchgecheckt, Ihnen fehlt nichts", so würde ein Hypochonder eher beleidigt darauf reagieren und umgehend einen anderen Arzt konsultieren.

Oft erkennt man Betroffene daran, dass sie fortwährend an derjenigen Krankheit leiden, die gerade „im Trend" liegt. Stichwort: Modekrankheiten. Es hat den Anschein, dass Hypochonder besonders sensibel auf Beeinträchtigungen reagieren, die regelmäßig in den Medien thematisiert werden, zum Beispiel Winterdepression, Burn-out-Syndrom, Migräne, Grippe.

Weitere Eigenarten:

1. Nach BRACONNIER (2004) gehören Gesundheitszeitschriften und medizinische Bücher unabdingbar in den Haushalt eines Hypochonders.
2. Der Betroffene konsumiert vorwiegend Medieninhalte, die Krankheiten und Gefahren für die Gesundheit thematisieren (Grund: selektive Wahrnehmung).
3. Hypochonder machen ausgiebige „Tourneen" durch Arztpraxen. Sie praktizieren das sogenannte Doctor Shopping (MORSCHITZKY & SATOR 2005). Dabei macht man sich unbewusst das Gesetz der Wahrscheinlichkeit zunutze. Denn irgendwann wird man einen Arzt treffen, der „etwas" findet.

Hypochonder haben, wie erwähnt, ein Interesse daran, krank zu sein. Außenstehende bringen hierfür meistens kein Verständnis auf. Sie halten Menschen mit solchen Auffälligkeiten für Schauspieler. Doch man darf nicht vergessen: Hypochonder simulieren nicht, sie leiden tatsächlich.

Gewöhnlich bleibt den Betroffenen aber die Beeinflussung durch seelische Faktoren, die an den Phänomenen beteiligt sind, verborgen. Es ist eine psychologische Binsenweisheit, dass eine gesunde Seele nicht nur einen gesunden Körper erschafft, sondern auch, dass eine kranke den eigenen Körper effizient schädigt.

Konkret gesagt, wenn man sich lange genug einredet, an dieser oder jenen

Krankheit zu leiden, dann steigt die Wahrscheinlichkeit, sie auch wirklich zu bekommen.

Bleibt die Frage: Warum steht bei dieser Störung eigentlich das *eigene* Wohl und Wehe im Vordergrund? RATTNER (1998) nimmt an, dass Hypochonder sich deshalb hochgradig um sich selbst kümmern, weil sie in Sachen „Zärtlichkeiten" für Körper und Psyche etwas nachzuholen haben. Unter Umständen kam man nämlich dahingehend zu kurz.

J

Jugendstrafvollzug/Bewährungshilfe

Die obersten Ziele des Strafvollzugs in Deutschland sind: Erziehung und Resozialisierung. Das heißt, der Straftäter soll während der Haft befähigt werden, zukünftig in sozialer Verantwortung ein Leben ohne Straftaten zu führen (MÜHREL 2005). Hierfür müssen gewöhnlich Defizite auf verschiedenen Ebenen (sozial, beruflich, schulisch) aufgearbeitet werden.

Die Maßnahmen und Aktivitäten in einer Jugendstrafvollzugsanstalt (JA) sind entsprechend auf diese Ziele hin ausgelegt. Einige Beispiele: Die Gefangenen sind gewöhnlich in Wohngruppen untergebracht, wo unter anderem soziales Lernen stattfindet. Der Alltag ist hochgradig strukturiert.

Die Jugendlichen nehmen an Arbeitsangeboten teil. Sie können auch schulische und berufliche Qualifizierungsmaßnahmen wahrnehmen. Solche Aktivitäten werden finanziell vergütet – was zur Motivation seitens der Gefangenen beiträgt.

Auch durch andere Maßnahmen sollen die Heranwachsenden auf ihre Entlassung vorbereitet werden. Es gibt beispielsweise die Möglichkeit, dem Jugendlichen Vollzugslockerungen, Urlaub und sogar eine vorzeitige Entlassung in Aussicht zu stellen. Dafür muss er sich in vielerlei Hinsicht beweisen.

In der Regel ist in einer JA ein Team untergebracht, das aus zahlreichen Berufsgruppen besteht: Psychologen, Lehrer, Sozialarbeiter, Ärzte, Vollzugsbeamte, Seelsorger. In diesem Team werden auch die Fortschritte einzelner Jugendlicher, aktuelle Konflikte zwischen den Gefangenen usw. besprochen.

Sozialarbeiter arbeiten mit einzelnen Jugendlichen und auch Gruppen zusammen. In Bezug auf die Beziehungsgestaltung gelten wieder die Variablen Empathie, Kongruenz, Akzeptanz. Das Zusammenleben wird durch klare Regeln sichergestellt. Stärken und Ressourcen werden gestärkt (hier zeigt sich wieder der Grundgedanke einer Hilfe zur Selbsthilfe).

Auf der anderen Seite werden die Straftäter auch mit ihren Vergehen konfrontiert. Dies geschieht beispielsweise in Form von Gruppentreffen, die ein Psychologe betreut. Bei solchen Treffen werden die Taten thematisiert, und man ist darum bemüht, aufseiten des Straftäters ein Problembewusstsein zu erschaffen.

Gleichzeitig werden Jugendliche auch dazu motiviert, an anderen Behandlungsangeboten teilzunehmen (soziales Training, Selbsthilfe- und Sportgruppen, freizeitpädagogische Angebote, Antiaggressionsprogramme usw.).

Bewährungshilfe

Unter bestimmten Voraussetzungen wird eine Strafe auch zur Bewährung ausgesetzt, zum Beispiel wenn der Delinquent erstmalig auffällt und Hinweise auf eine positive Sozialprognose liefert (BRÜHL 2008). Dann bleibt dem Heranwachsenden eine Unterbringung in der JA erspart, aber er muss sich in der Bewährungszeit beweisen. Diese Vorgehensweise wird auch *Primärbewährung* genannt.

Manchmal wird auch bei bestimmten Häftlingen die Reststrafe nach teilweiser Verbüßung zur Bewährung ausgesetzt (die sogenannte *sekundäre Bewährung*). In beiden Fällen wird vom Gericht für die Dauer der Bewährungszeit ein Bewährungshelfer bestellt.

Die Aufgaben des professionellen Helfers bestehen vor allem darin, dem Verurteilten helfend und betreuend zur Seite zu stehen. Der Bewährungshelfer ist dem für den Fall zuständigen Gericht unterstellt; er muss in bestimmten Zeitabständen über die Lebensführung des Jugendlichen und besonders über etwaige Verstöße gegen die Bewährungsauflagen berichten.

Weiter steht die Wiedereingliederung in die Gesellschaft an; sie hat auch in diesem Arbeitsfeld einen erzieherischen Charakter. Behördengänge gilt es auszuführen, eventuell muss eine Wohnung für den Jugendlichen gesucht und gemietet werden, der regelmäßige Schulbesuch muss gewährleistet sein usw.

Beispiel: Schemapädagogik im Jugendstrafvollzug/in der Bewährungshilfe

*Ein wegen mehrfachen Autodiebstahls und mehrfacher schwerer Körperverletzung vorbestrafter 18-jähriger Jugendlicher (Michael) gerät eines Tages in einer Discothek in eine Schlägerei. Einer der Beteiligten zeigt ihn bei der Polizei an. Er wird wenig später verhaftet und muss sich nach kurzer Zeit vor dem Richter verantworten. Das Urteil: zwei Jahre Haft ohne Bewährung. Er wird in die Jugendstrafvollzugsanstalt verlegt. Zeugen der Schlägerei sagten im Prozess aus, er hätte ohne ersichtlichen Grund auf sein Opfer mit äußerster Brutalität eingeschlagen, bis es bewusstlos wurde (**Zerstörer-/Killer-Modus**).*

*In der Jugendstrafvollzugsanstalt wird er wegen der Qualität der Tat gezielt von einem Sozialarbeiter betreut, der nur unter Widerständen einen freundschaftlichen Kontakt zu ihm aufbauen kann (**Modus Manipulierer, Trickser, Lügner**). Begleitet wird die Phase des Beziehungsaufbaus von einigen Stolpersteinen („Alter, mit dir will ich nix zu tun haben!") (**Modus Aggressiver Beschützer**). Michael lässt ihn oft auflaufen und lacht ihn dann aus (**Modus Manipulierer, Trickser, Lügner**). Doch der Sozialarbeiter lässt sich davon nicht beeindrucken (**Herstellung von innerem Anstand**), ihm liegt etwas an Michael. Eines Tages führen sie ein Gespräch über das Model Pamela Anderson, Michael hat ein Poster von ihr in seiner Zelle hängen (**Komplementäre Beziehungsgestaltung**). Diese Unterhaltung bricht das Eis.*

*Michael ärgert sich sehr darüber, dass er mit anderen Häftlingen an Gruppengesprächen teilnehmen muss (**Modus Aggressiver Beschützer**). Sie finden jeden Montag statt, ein Psychologe betreut die Gruppe. Vor allem Sozialkompetenz soll erlernt werden. „Das interessiert mich einen Scheiß!", so sein Kommentar zu den Terminen (**Modus Aggressiver Beschützer**).*

*Der Sozialarbeiter konfrontiert Michael irgendwann auch mit seinen Taten. „Warum hast du die Autos geknackt?" (**Modus Aggressiver Beschützer**) – Antwort: „Tja, wenn die Besitzer so doof sind und die Schlüssel stecken lassen! Selbst schuld!" (**Modus Aggressiver Beschützer**) – „Und wie kam es zu den Schlägereien?" – Antwort: „Weil die Anderen mich immer so blöd angeguckt haben!" (**Modus Aggressiver Beschützer**).*

An diesen Aussagen sieht man die Funktionsweise von reflexartigen Selbstrechtfertigungstendenzen. Dem Sozialarbeiter gelingt es in eineinhalb Jahren nicht, den Wahrnehmungsfehler externale Kausalattribuierung bei dem Inhaftierten zu reduzieren.

Es kommt trotz gemeinsamer Absprachen („Keine Gewalt!") während des Aufenthalts immer wieder zu Handgreiflichkeiten mit anderen Mithäftlingen **(Schikanierer- und Angreifer-Modus**), die „mich wieder blöd angeguckt haben". Mithäftlinge berichten von grausamen Misshandlungen von anderen jungen Männern („Scheinhinrichtung mit Probehängen") **(Zerstörer-/Killer-Modus)** – aber auch von Diebstählen und Drogenhandel, in die Michael verwickelt sein soll **(Modus Manipulierer, Trickser, Lügner**). Nachweisen kann man ihm nichts.

Auch gegenüber dem Sozialarbeiter verliert Michael in dieser Zeit mehrmals die Fassung („Sie machen mich aggressiv!").

Bald soll die restliche Haft in eine Bewährungsstrafe umgewandelt werden.

Schemapädagogische Analyse und Interventionen

Der Jugendliche offenbart eine brisante Mischung aus maladaptiven Schemamodi. Die Verhaltensweisen von Michael weisen auf die Relevanz des Schemas Misstrauen/Missbrauch hin (siehe Straftaten, Handgreiflichkeiten mit anderen Häftlingen, Durchführung von „Scheinhinrichtungen"). Es kommt in der JA immer wieder zu Modus-Aktivierungen, unter denen Mithäftlinge leiden müssen. Ein Problembewusstsein existiert nicht.

Die Fachkraft spricht nach der Realisierung der komplementären Beziehungsgestaltung den Jugendlichen auf seine kostenverursachenden Schemamodi an. Das kann humorvoll, spielerisch oder zynisch praktiziert werden. Bevorzugt kann das auch dann passieren, wenn der Jugendliche aggressiv gegenüber dem professionellen Helfer auftrifft („Siehst du, das ist jetzt der Killer-Michael!"). Wenn nach mehreren Gesprächen ausreichend Bewusstsein von den Schemamodi vorhanden ist, können Schemamodus-Memos verfasst werden. Der Jugendliche sollte außerdem dazu animiert werden, ein Schemamodus-Tagebuch zu führen.

Dies unterstützt die üblichen pädagogischen und therapeutischen Vorgehensweisen, die der Förderung der Ressourcen und Potenziale des Jugendlichen dienen.

K

Kausalattribuierung, externale

Wahrscheinlich sehr häufig kommt es auf Klienten- und auch auf Pädagogenseite zur Aktivierung der sogenannten externalen Kausalattribuierung. Grob übersetzen kann man den Begriff mit: „Nach außen verlagerte Ursachenzuschreibung". Das heißt, im Zuge der externalen Kausalattribuierung werden die eigenen Denk- und Verhaltensweisen *als von außen verursacht wahrgenommen*. Die eigene, zumeist unmoralische Motivation wird gänzlich vor sich selbst und anderen „ausgeblendet".

Auch in der Lebenswelt Schule verfolgen die Betreffenden damit unbewusst das Ziel, das Selbstwertgefühl selbst bei „offensichtlicher Schuld" zu schützen (KELLER 2010). Zweifellos aktiviert ist dieser Mechanismus vor allem bei denjenigen Konflikten zwischen Schülern, in denen sich beide Parteien massiv gegenseitig beschuldigen und nicht den geringsten Selbstanteil am Konflikt wahrnehmen (wollen).

Gänzlich für das Problem verantwortlich, so die Wahrnehmung auf Schülerseite, ist „der Andere". Man selbst hatte gar keine andere Alternative – und konnte nur so und nicht anders „reagieren". Der Mechanismus offenbart den Charakter einer akkuraten Wahrnehmungsverzerrung, die dem Betreffenden aber innerpsychisch durchaus hilfreich ist.

Er entlastet das Gewissen. Beispiel: Die meisten Jugendlichen, die etwa einen bestimmten Mitschüler in der Klasse aktiv mobben, kommen während eines konfrontativen Gesprächs mit der Lehrkraft zu „passenden Erklärungen", etwa: „Der braucht das" – „Der hat uns provoziert!" – „Das ist ein Spastiker!"

Manchmal kommt man in solchen Momenten nicht mit den herkömmlichen pädagogischen Methoden weiter, um entsprechend die Selbsteinsicht zu fördern.

Tiefenpsychologogische, neurowissenschaftliche und schemapädagogische Reflexionen
Wie sieht es in Hinsicht auf die Ursachen dieses Mechanismus aus?

- **Tiefenpsychologisch betrachtet** dient die externale Kausalattribuierung, wie oben schon angedeutet, der Aufrechterhaltung des Selbstwertgefühls und ist somit mit einem „innerpsychischen Selbstschutzmechanismus" zu vergleichen. Auf der anderen Seite will sich der Betreffende vorauseilend gegen vehemente Vorwürfe wehren, die im Falle der Klärung der Tatsachen von der jeweiligen Fachkraft erhoben werden würden.
- **Neurowissenschaftliche Argumentation**: Nach GERHARD ROTH (2007) reagiert unser Neocortex, genauer gesagt, die für die Sprache und logischen Gedankengänge zuständigen Areale, *reflexartig* auf negative Emotionen. Ziel der Reaktion ist die „Ausbalancierung dieses *unökonomischen* Geschehens". Im Falle einer Konfrontation mit den eigenen unmoralischen Verhaltensweisen durch den Lehrer kommt es schon notwendigerweise zu dem eben genannten Effekt. Der Schüler wehrt sich mittels der externalen Kausalattribuierung gegen „die unmoralische Wahrheit".
- **Schemapädagogische Überlegungen**: Die externale Kausalattribuierung wird infolge einer sogenannten Schema-Aktivierung, die im Falle einer Konfrontation häufig stattfindet, gleich mit aktiviert. Nach YOUNG et al. (2008) wissen Betreffende nichts von ihren innerpsychischen Mustern (Schemata), die in der Kindheit oder Jugend entstanden sind und sich immer wieder in die Gegenwart „schieben". Das heißt, falls etwa Mobbing tatsächlich eine notwendige Abwehrstrategie darstellt, um ein Schema wie *Misstrauen/Missbrauch* zu kompensieren, so ist dies dem betreffenden Schüler in der Regel nicht bewusst. Er weiß demnach nicht, dass er viel-

leicht selbst wahrscheinlich „Opfer" war und die relevanten Erlebnisse im Hier und Jetzt „nur" wiederholt – nur mit vertauschten Rollen. Er ist nunmehr der Täter. Der Selbstanteil am Konflikt mit dem Mobbing-Opfer ist ihm nicht präsent. Um sich den Konflikt selbst zu erklären, verfällt er demnach dem Mechanismus der externalen Kausalattribuierung. Aus schemapädagogischer Sicht ist die externale Kausalattribuierung, zusammenfassend gesagt, bei Schema-Aktivierungen immer mit im „Gepäck".

Fazit

Die externale Kausalattribuierung stellt im Schulalltag dann und wann ein großes Problem dar. Sie „verbaut" in der Regel in wichtigen Konfliktsituationen gänzlich die Selbsteinsicht, da sie gerade dann aktiviert wird, wenn die Lehrkraft sich um die Klärung von Konflikten bemüht. Aber auch abseits von relevanten Auseinandersetzungen unterstützt der Mechanismus die Selbsttäuschung.

Beispiel: Man braucht leistungsschwache Schüler nur einmal zu fragen, wieso sie etwa in einem bestimmten Fach nur Leistungen unter ausreichend erzielen. Viele Teenager antworten (Kollegen werden es wissen): „Weil der *Herr X* dumm ist!" Klar.

M

Manipulationstechnik Appell

Sozialarbeitern wird immer mal wieder bewusst, dass ihre Klienten mittels bestimmter Verhaltensweisen spezielle Motive, anders gesagt, Bedürfnisse befriedigen. Meistens geht es um Anerkennung, Akzeptierung, Solidarität (SACHSE 2003).

Das Problem beim Umgang mit gewalttätigen Jugendlichen ist, dass die Betreffenden häufig Strategien praktizieren, die nicht authentisch und irrational sind; sie schießen etwa über das Ziel hinaus, verunsichern den Gesprächspartner mit ihren offenen oder – öfter der Fall – verdeckten Appellen o.Ä.

SACHSE (2006b, 37) unterscheidet zwischen positiven und negativen Appellen, und er stellt folgende Definition auf: „Appelle haben die Funktion, das Verhalten des Interaktionspartners zu steuern."

Im Falle von positiven Appellen („Gestern Abend wurde ich in der Stadt dumm angemacht!") soll der Gesprächspartner sich dem Betreffenden zuwenden, ihn unterstützen, sprich: für ihn etwas *tun*. Manchmal wird der Sozialarbeiter auch dazu motiviert, sich gegen einen anderen zu verbünden („Der Thomas hat mich gestern provoziert!").

Bei negativen Appellen andererseits wird der Pädagoge dazu animiert, etwas Bestimmtes *gerade nicht zu tun*. Auch auf diese Art von Appellen sollte man achten. Entsprechend soll etwa die Meinung des Anderen nicht infrage gestellt werden, man soll keine weiteren Fragen stellen, die Sichtweise des Anderen nicht kritisieren usw.

Fazit

Appelle werden meistens nicht auf der Sach-, sondern auf der Beziehungsebene kommuniziert; manchmal auch nur körpersprachlich. Deshalb spricht SACHSE (2004) von einer manipulativen Intervention.

Ein Beispiel: Der Jugendliche sitzt traurig (oder genervt) in einer Ecke und schweigt. Dieses Verhalten kann gleichzeitig verschiedene Appelle „transportieren", etwa: „Kümmere dich um mich", „Lass mich bloß in Ruhe", „Sprich mich an" usw.

Wir finden es wichtig, das Thema „Appelle" im pädagogischen Alltag im Hinterkopf zu behalten. Denn wer professionell mit ihnen umgeht, trägt maßgeblich zum Aufbau von Beziehungskredit bei; auf der anderen Seite fördert man auch die Selbstkenntnis des Jugendlichen (siehe Tabelle mit Beispielen unten).

Umgang mit Appellen

Es ist nicht immer einfach, Appelle als solche überhaupt zu erkennen, besonders dann, wenn man die Jugendlichen, mit denen man arbeitet, noch nicht gut kennt. Denn es kann immer sein, dass man sich angesprochen *fühlt*, obwohl der Teenager in diesem Moment gerade das nicht im Sinn hat.

Das heißt, es wird sicherlich so sein, dass der Sozialarbeiter mit seiner Diagnose „daneben liegt" und entsprechend ein „unpassendes Verhalten" an den Tag legt.

Doch mittels Aufmerksamkeit und einigen Test-Versuchen werden die hier thematisierten pädagogisch-psychologischen Kompetenzen schrittweise gefördert. Und irgendwann kennt man die „typischen Appelle" seiner Klienten – und kann mit ihnen konstruktiv umgehen.

Beispiele

Appell	Unterschwellige Absicht	Professionelle Reaktion
„Ich kann das nicht!"	Der Sozialarbeiter soll die Aufgabe erledigen	„Okay, ich zeige dir einmal, wie es geht, dann schaffst du es!"
„Mir geht's heute scheiße!"	Entweder: „**Kümmere dich um mich!**", oder: „**Lass mich bloß in Ruhe!**"	„Willst du drüber reden oder soll ich dich einfach in Ruhe lassen; ich bin mir gerade nicht sicher!"
„Ist doch so, oder? Sagen Sie doch mal was dazu!"	Die eigene Sichtweise soll vom Sozialarbeiter bestätigt werden	„**Dir ist es jetzt wichtig, dass ich dich bestätige!**"

Manipulationstechnik Image

Wer über Jahre hinweg „gelernt" hat, dass die Ausübung von Gewalt zwischenmenschliche Erfolge nach sich zieht (siehe unten), etwa Anerkennung vonseiten der Peer-group, der offenbart auch häufig gegenüber dem Sozialpädagogen eine weitere spezielle Verhaltenstendenz.

Manche Jugendlichen wollen vorauseilend einen „passenden Eindruck" auf ihr Gegenüber machen, umgangssprachlich gesagt, den eines „coolen", „lässigen", „harten Kerls".

Die Betreffenden vermitteln sowohl auf der Sach- als auch auf der Beziehungsebene in vielerlei Variation ein entsprechendes *Image* (SACHSE 2003). Dieses Image soll bestimmte Komponenten, selektive Inhalte besitzen.

Der gerade aktuelle Gesprächspartner entwickelt dann auch nicht aus Zufall recht schnell die Auffassung, dass der Teenager, der gerade vor ihm steht, zu allerhand Handgreiflichkeiten *fähig* ist.

Im Gegensatz zum Test aber wird im Rahmen dieses Phänomens „nur" die eigene Gewaltbereitschaft *kommuniziert*; es geht nicht darum, den Gesprächspartner zu einer bestimmten *Handlung* zu motivieren.

Vielmehr soll aufseiten des Pädagogen die *Auffassung* entstehen, dass er es mit einem „potenziell schlagkräftigen" Zeitgenossen zu tun hat, „mit dem nicht gut Kirschen essen ist". Mitunter verfolgen die Betreffenden auch das unmittelbare Ziel, den Interaktionspartner einzuschüchtern (was das eine ums andere Mal sicherlich gelingt). Images sind in der Regel „einseitig", das heißt, sie beinhalten Faktoren, die vom Jugendlichen gezielt ausgewählt werden. Wer etwa den „Harten" spielt, wird Wert darauf legen, in Gegenwart des Sozialarbeiters nicht den „Hauch" eines Eindrucks von Schwäche zu machen. Im Gegenteil: Er wird sich um ein entsprechendes Macho-Gehabe bemühen, laut reden, breitbeinig dasitzen, keinen Humor zeigen, den Gesprächspartner anstarren usw.

Fazit
Images dienen dazu, verbal wie nonverbal eine bestimmte Charaktereigenschaft zu kommunizieren. Diese Motivation ist mehr im Unbewussten als im Bewusstsein verortet, und vor allem ist sie eins: automatisiert!

Es ist wichtig zu erwähnen: Während der Jugendliche auf seinem „Image-Trip" ist, ist er affektiv und kognitiv „voll bei der Sache". Das bedeutet, der Teenager ist auf seinen Gesprächspartner konzentriert, ihm fehlt währenddessen völlig die Selbsteinsicht, es findet keinerlei konstruktive Zusammenarbeit statt (SACHSE 2004). Dies erfordert ein spezielles Vorgehen, denn leicht wird die Beziehung zum Betreffenden durch Images in eine Richtung gelenkt, die man eigentlich vermeiden will. Man muss sich bewusst machen: Sicherlich stecken viele Lernprozesse und biografische Erlebnisse hinter einem bestimmten Image. Sie entstehen insbesondere durch positive Verstärkung.

Zusammenfassend gesagt: Wer ein Image kommuniziert, der verfolgt die Absicht, im Gesprächspartner genau *diesen einen* Eindruck zu konstruieren. Das genaue Abbild des Image soll im Kopf des Anderen entstehen.

Umgang mit Images
Wieder gilt: Auch diese Auffälligkeit ist nicht persönlich gemeint, sondern sie läuft automatisiert ab. Das heißt, der Sozialarbeiter sollte Images als das sehen, was sie sind. Es gilt, professionell mit ihnen umzugehen, sie sollten in der Regel nicht unkommentiert im Raum stehen gelassen werden.

In Hinsicht auf den Umgang mit Images gilt es zu unterscheiden. Der berufliche Rahmen, das Setting ist relevant. Im Praxisfeld Schule etwa kann ich flexibler mit diesem Thema umgehen, toleranter, als etwa im Anti-Aggressivitäts-Training®. Insgesamt ist Flexibilität gefragt. Man sollte aber auch bedenken, dass sich Sympathie aufbauen lässt, wenn man manchen Images positive Aufmerksamkeit schenkt. Der Andere fühlt sich dann gewissermaßen in seiner Rolle akzeptiert. Doch man muss immer abwägen, „wo das Ganze dann vielleicht hinführt". Im Folgenden sind wieder einige Beispiele aufgeführt.

Beispiele

Image	Unterschwellige Absicht	Professionelle Reaktion
(Praxisfeld Schule, während der Vorstellung der Heranwachsenden) **„Ich bin Fußballstar – aber gerade auf Urlaub!"**	Der Lehrer soll zu dem Eindruck gelangen, der Kommunikator sei ein „cooler Typ" – und soll beeindruckt sein	Entweder: **„Ja? Bei welchem Club?"** (danach unbeeindruckt auf der Sachebene „weiterpalavern"), oder: **„Weißt du, die Verarschernummer kannst du mit jedem abziehen, aber nicht mit mir!"** (später dann wieder ein Beziehungsangebot machen)
(Gruppenarbeit anlässlich eines Anti-Aggressivitäts-Trainings) **„Mir scheißegal, was du dazu meinst!"**	Streben nach Dominanz	(sachlich) **„Nee, ist es nicht! Du weißt, warum du hier bist, fertig!"**
(Praxisfeld Schule, in der ersten Woche) **„Ich mach Kampfsport!"**	Der Pädagoge soll wieder den Eindruck entwickeln, da säße ein „harter Kerl"	Entweder (authentisch): **„Cool, sieht man. Wo trainierst du?"**, oder: **„Das ist hier irrelevant, darauf bekommst du keine Noten!"**

Manipulationstechnik Psychospiel

Manipulative Interaktionsspiele stören die Beziehung zwischen gewalttätigen Jugendlichen und Sozialarbeiter immens. Leider ist das Thema in der sozialpädagogischen Aus- und Fortbildung so gut wie unbekannt. Daher fehlt es auch an entsprechenden Präventionskonzepten.

Interaktionsspiele werden auch „Psychospiele", „Strategien" oder „Maschen" genannt. Der bekannte Begründer der *Transaktionsanalyse* ERIC BERNE (1964/2005) hat sich ausführlich mit ihnen beschäftigt.

Psychospiele sind immer unehrlich. Sie werden zumeist „gespielt", um bestimmte verborgene Motive, Grundbedürfnisse zu befriedigen. Der Spieler ist auf seine Weise höchst professionell hat entsprechend effiziente Kompetenzen hierzu entwickelt. So gesehen führen sie immer zu einem erwünschten Ergebnis, einem Ziel, das der Spieler intuitiv verfolgt.

Interessanterweise ist es dem Spieler gar nicht bewusst, *dass* er überhaupt ein Spiel spielt. Das macht die Sache sehr kompliziert. Denn vor diesem Hintergrund kommt es etwa zu Konflikten zwischen dem Sozialarbeiter und dem Jugendlichen, in denen man mit dem Betreffenden *nicht* über die gerade erfahrene Spannung sprechen kann – der Teenager ist nämlich währenddessen quasi *Teil des Problems*, sprich: des Spiels.

Beispiel: Beim sogenannten Psychospiel „Versetz mir eins" (RAUTENBERG & ROGOLL 2008) zeigt ein Schüler folgende Verhaltensauffälligkeit: Zu Beginn einer jeden Stunde stört er „tröpfchenweise" den Unterricht, und zwar in vielerlei Variationen (wobei das Endergebnis immer dasselbe ist, siehe unten).

Erwartungsgemäß ermahnt ihn der Lehrer, *schließlich muss er ja reagieren*. Der Heranwachsende versichert infolge der Ermahnungen irgendwann – mehr oder weniger authentisch –, er werde sich nunmehr „wirklich zusammenreißen". Wenig später jedoch scheint das alles vergessen und er nimmt sichtlich unbeeindruckt wieder das Projekt „Unterrichtsstörungen" auf. Das Spiel wird intensiver...

Wieder ermahnt ihn der Lehrer, er ist irritiert. *Will der mich verarschen?*, denkt er sich. Richtigerweise hat er das Gefühl, dass gerade etwas nicht stimmt, obwohl man sich doch auf der Sachebene „einig ist".

Das „Spiel" geht eine Zeit lang so weiter, wobei der emotionale Anteil seitens des Lehrers sozusagen schrittweise ansteigt; *und nur dieser Effekt ist eigentlich während des gesamten Prozedere beabsichtigt.* Am Ende des Spiels schickt der Lehrer – wie immer – den Betreffenden aus dem Saal. Und der Schüler hat das Spiel „gewonnen", er hat nämlich sein eigentlich relevantes Bedürfnis nach längerfristiger (negativer) Aufmerksamkeit verwirklichen können.

In der Regel verhält es sich so, dass ein solches Schüler-Spiel mehrmals innerhalb einer Woche gespielt wird, und zwar stets nach denselben „Regeln". Interessant ist aber, dass beide Parteien, das heißt der Lehrer wie der Teenager, gewöhnlich das Ganze nicht recht verbal erfassen und auf den Punkt bringen können. Grund: es „steckt" zu viel unbewusste Psychodynamik dahinter (siehe unten).

Natürlich wird anlässlich einer solchen Unterrichtsstörung der Disziplinarmaßnahmenkatalog chronologisch durchexerziert. Der Schüler bekommt irgendwann einen Tadel, vielleicht wird er auch temporär vom Unterrichtsbetrieb ausgeschlossen. Doch leider gelingt dadurch eines nicht: die Förderung der Selbsteinsicht seitens des Schülers – vielmehr werden typische selbstwertdienliche Wahrnehmungsverzerrungen aktiviert (siehe oben). So kommt es, dass so mancher Teenager in jeder Schulform, die er durchläuft, immer wieder dieselben Spiele spielt, das heißt, fortwährend dieselben Konflikte erlebt ohne den Eigenanteil wahrzunehmen.

Besonders gewalttätige Jugendliche spielen ihre typischen „Spielchen". Deren Opfer wissen hiervon ein Lied zu singen. Bekannt sind etwa die Schilderungen von grausamen, sadistischen Interaktionsmustern, die gewalttätige Jugendliche praktizieren – bevor sie zuschlagen oder ihre Opfer sonstwie quälen. Viele Täter „spielen" bekanntlich erst mit ihren Opfern, lassen sie etwa bis zur unvermeidlichen Eskalation im Unklaren darüber, ob sie nun denn Gewalt anwenden oder nicht („Ach, mein Guter, ich glaub, ich lass dich heute noch mal laufen – nee doch nicht!"). So ein Spiel kann man minuten- oder gar stundenlang praktizieren.

Fazit
Die meisten Verhaltensweisen mit einem manipulativen Charakter (Psychospiele) werden schon in der Kindheit ausgeprägt, insbesondere durch das Prinzip „Lernen am Modell".

Eine andere Möglichkeit: Die eigene Spielkultur entstand gewissermaßen infolge einer kompensatorischen Reaktion, quasi aus der Not heraus. Vielleicht kam man mit authentischem Auftreten über Jahre hinweg nicht zum Ziel (= Bedürfnisbefriedigung) und erntete nur Negatives vonseiten des sozialen Umfelds.

Das heißt, der Betreffende machte eventuell oft die Erfahrung, dass er als Person „wertlos" sei, ein „Loser". Auf der anderen Seite hat er vielleicht die (überlebensnotwendige) Erfahrung gemacht, dass er für *bestimmte* Verhaltensweisen *doch* Aufmerksamkeit, Anerkennung usw. entgegengebracht bekommt, wenn auch in Form eines negativen Feedbacks. Aus Sicht des Betreffenden macht dies Sinn. Denn immerhin kam es durch störendes, anders gesagt, kostenintensives Verhalten überhaupt zu zwischenmenschlichen Reaktionen...

Psychospiele können auf diese Weise entstehen und sich charakterlich festigen. Gerade in Hinsicht auf die hier beschriebene Klientel lässt sich annehmen, dass die häufig vorhandenen schwierigen sozialen Verhältnisse für die Ausprägung zahlreicher schädlicher Psychospiele verantwortlich waren.

Umgang mit Interaktionsspielen

Mit Psychospielen muss man während der Arbeit mit gewaltbereiten Teenagern besonders rechnen. Das Wichtigste hierbei ist: Man muss diese (unbewussten) manipulativen Interaktionsmuster *bemerken*, deuten und sie in den entscheidenden Momenten gemeinsam mit dem Betreffenden *thematisieren*. Denn, und darauf sei noch einmal hingewiesen, Psychospiele werden in der Regel unbewusst praktiziert.

Bewusst machen sollte man sich auch: Wenn der Betreffende *gerade* seine „typischen fünf Minuten hat" und seine Strategie fährt, ist es sehr schwer, ihn aus seinem Modus herauszubekommen. Denn er ist kognitiv *und* affektiv in seinem Spiel „drin". Pädagogische Interventionen (siehe unten) fruchten dann nur, wenn ausreichend Sympathie und Vertrauen zuvor geschaffen wurden. Doch man darf nicht zu viel erwarten, schließlich haben Psychospiele eine sehr lange Tradition und haben aus Sicht des Betreffenden viele Vorteile.

Man erkennt Psychospiele anhand verschiedener Kriterien:

> Der Betreffende schafft es durch stets *dieselben* fragwürdigen Verhaltensweisen immer wieder, sich in den Mittelpunkt zu „spielen", etwa durch

Herumkaspern, Macho-Allüren usw.
- ➤ Der Sozialarbeiter hat vom einen auf den anderen Moment das Gefühl, dass gerade etwas nicht stimmt.
- ➤ Der Teenager spielt „schon wieder" die alte Leier.
- ➤ Während eines Psychospiels fällt der Jugendliche in eine ganz bestimmte Rolle, das heißt, er offenbart eine spezielle Teil-Persönlichkeit, auch Schemamodus genannt.
- ➤ Der Sozialarbeiter fühlt sich plötzlich unwohl, weil zu einer bestimmten Reaktion motiviert.

Verschiedene Interventionen bieten sich an, um Psychospiele zu stoppen (BERNE 1964/2005) zurückgreifen, sobald ein Jugendlicher Verhaltensweisen mit Manipulationscharakter ausführt (siehe auch DAMM 2010b, 92; DEHNER & DEHNER 2007):

- ➤ **Strategie a**: Das Spiel direkt ansprechen.
- ➤ **Strategie b**: Den weiteren Spielverlauf vorwegnehmen.
- ➤ **Strategie c**: Den Spieler mit den Kosten seines Verhaltens konfrontieren.
- ➤ **Strategie d**: Den Spieler als Person wertschätzen und Verhaltensalternativen aufzeigen.

Der Sozialarbeiter kann auf zwei verschiedenen Wegen intervenieren, entweder empathisch-konfrontativ oder autoritär-konfrontativ. Wir empfehlen zunächst die erste Variante, da jegliche Form der Konfrontation die Beziehung zum Betreffenden belastet, mal mehr, mal weniger.

Es ist außerdem sinnvoll, den Heranwachsenden für seine „Rolle", die er während des Spiels praktiziert, zu sensibilisieren. Dies ist aus schemapädagogischer Sicht die Grundlage für die spätere Selbststeuerung im Alltag.

In der folgenden Tabelle finden Sie einige Interventionen, die angelehnt sind an das oben erwähnte Psychospiel „Versetz mir eins":

Psychospiel	Interventionen ...
"Versetz mir eins"	... unter vier Augen (empathisch-konfrontativ):
	Strategie a: „Mal ehrlich! Du hast deine fünf Minuten doch nur, damit ich dich irgendwann rauswerfe, oder?"
	Strategie b: „Wenn der innere Clown-[Vornamen des Schülers einfügen] in dir hochkommt, dann hat der dich mehrere Minuten in der Hand, dann machst du [Verhaltensauffälligkeiten einfügen]."
	Strategie c: „Du kennst den inneren Clown-[Vornamen des Schülers einfügen] schon lange, der hat dir schon öfter eingebrockt. Wenn du den nicht stoppst, versaust du dir die ganze Zukunft."
	Strategie d: „Hör mal, du hast es eigentlich drauf. Was können wir da machen?"
	... während der Rollen-Aktivierung (autoritär-konfrontativ):
	Strategie a: „Achtung! Achtung, jetzt geht die Show wieder los. Und gleich fliegt hier einer raus!"
	Strategie b: „Ich ermahne dich jetzt sinnloserweise fünfmal, du machst deinen Scheiß weiter – und dann schmeiß ich dich raus!"

	Strategie c: „Dein innerer Clown-[Vornamen des Schülers einfügen] geht uns hier allen auf die Nerven wie nur was!" **Strategie d**: „Letzte Stunde ging es doch auch. Du kannst dich zusammenreißen! Geh fünf Minuten raus, dann machen wir hier normal weiter!"

Manipulationstechnik Test

Eine weitere Eigenart von jugendlichen Gewalttätern ist das sogenannte Test-Verhalten. Der Psychotherapeut RAINER SACHSE (2006b) stieß im Laufe seiner Arbeit mit „schwierigen" Klienten auf diese spezielle Kommunikations-Eigenart und beschrieb sie ausführlich.

Da sie auch zum Repertoire der hier beschriebenen Klientel gehören, kommen wir nicht um das Thema herum. Denn leicht entstehen Beziehungsstörungen, wenn man Tests nicht als solche erkennt und sich entsprechend provozieren lässt.

Leider taucht manipulatives Test-Verhalten auch bei Jugendlichen auf, die man mit „Samthandschuhen" anfasst. Man kann noch so sehr die drei humanistischen Grundvariablen Empathie, Kongruenz, Akzeptanz praktizieren – irgendwann verhält sich der junge Mensch, mit dem man bisher ganz ordentlich gearbeitet hat, plötzlich ganz anders. Man versteht die Welt nicht mehr, man war doch nett, hat sogar Sympathie entwickelt usw. Hat man sich im Anderen vielleicht getäuscht?

Sogenannte Tests, anders gesagt, Interaktionstests dienen dazu, den Gesprächspartner „abzuchecken". Gerade zu Beginn der Zusammenarbeit, wenn der Teenager noch nicht weiß, was für eine Persönlichkeit er da vor sich hat, praktiziert er (unbewusst) einige Interaktionstests, die „Klarheit" schaffen sollen.

Doch die Sache hat einen Haken. Wenn der Jugendliche nämlich den Pädagogen als „unverlässlichen-" oder „hinterhältigen Typen" wahrnimmt, so inszeniert er, sagen wir mal, sehr unliebsame Tests („Ich kann Sie nicht leiden und Sie mich nicht, stimmt's?"), um den Sozialarbeiter zu einer entsprechenden (negativen) Reaktion zu animieren. Er provoziert alle paar Minuten, diskutiert über Nichtigkeiten, vergreift sich im Ton, versucht den Gesprächspartner „zu verarschen" usw.

„Fällt" der Pädagoge auf solche Interaktionstests herein, so „versiebt" er die komplette Beziehungsgestaltung, die bis dato mühsam verwirklicht wurde („Ja, ich kann dich nicht leiden! Stimmt!"). Denn der Jugendliche hat nun die „Erkenntnis" gewonnen, dass seine Grundannahmen „richtig" waren.

Fazit
Provokationen, Manipulationsversuche sind manchmal nichts anderes als Tests. Der junge Mensch will den Sozialarbeiter gar nicht provozieren, „verarschen". Er will „nur" sehen, wie der Andere auf die Provokationen *reagiert*. Er will so gesehen nur eines: Klarheit („So, ich wusste es, Herr X ist so ein Spast wie alle anderen Sozialarbeiter vorher auch!").

Umgang mit Tests
Daher sind Aufmerksamkeit und Einfühlungsvermögen sehr wichtig im pädagogischen Alltag. Denn das Test-Verhalten muss als solches durchschaut werden. Um einen Test handelt es sich meistens dann,

> - wenn man aus heiterem Himmel extrem kritisiert, herabgesetzt wird,
> - wenn ohne Ende in Sicht über eine Lappalie diskutiert wird,
> - wenn man das Gefühl hat, man würde „verarscht".

Bleibt man als Pädagoge trotz einiger Tests vonseiten der Jugendlichen zugewandt, empathisch, trägt man unglaublich viel zum Aufbau von Beziehungskredit bei. Man sollte sich entsprechend ein „dickes Fell" zulegen und sich nicht von seinem ersten Handlungsimpuls leiten lassen, wenn man das Gefühl hat, der Andere würde gerade einen Test praktizieren.

Denn der Heranwachsende spürt, dass der professionelle Helfer trotz der „fünf Minuten Ausraster" am „Ball" bleibt. Die Folge: Der Jugendliche lässt sich ein Stück mehr auf eine intimere Beziehung ein. Mehr und mehr Beziehungskredit wird angehäuft. Und den braucht man später für die Konfrontation!

Man muss sich in Momenten, in denen Tests praktiziert werden, bewusst machen, dass der ganze Mumpitz gar nicht persönlich gemeint ist. Es würde nämlich jeden anderen Sozialarbeiter genauso treffen. Ebenfalls sollte man im Hinterkopf behalten, dass das gerade gezeigte (negative) Verhalten in Zusammenhang steht mit einem oder mehreren nachteiligen Schemata, die der Betreffende unter schwierigsten sozialen Bedingungen einmal ausgeprägt hat.

Das heißt, der Betreffende hat mit an Sicherheit grenzender Wahrscheinlichkeit viele leidige Erfahrungen mit seinem sozialen Umfeld gemacht, die erst zu einer allgemeinen negativen Einschätzung der „Erwachsenenwelt" beigetragen haben. So gesehen „kann" der Betreffende nichts für seine verzerrte Personenwahrnehmung.

In der folgenden Tabelle sind einige Tests von Heranwachsenden aufgeführt, die wir in unserer Berufspraxis unmittelbar erlebt haben.

Beispiele

Test	Unterschwellige Absicht	Professionelle Reaktion
„Na, Herr X, gestern **Nacht schlechten Sex gehabt?"**	Provokation	(bei ausreichend vorhandenem Beziehungskredit) **„Nee, du?!"** (am Anfang der Zusammenarbeit) **„Du willst mich jetzt testen, ob ich auf so was negativ reagiere!"**
„Ich habe dazu jetzt einfach keinen Bock!"	Der Pädagoge soll zu einer Disziplinarmaßnahme motiviert werden	**„Ist gut; nimm dir ein paar Minuten – ausnahmsweise!"**
„Ich hab hier auf meinem Handy ein Sexvideo!"	Die Fachkraft soll peinlich berührt sein, eine Szene machen o.Ä.	**„Vergiss es! Kenn ich schon!"**

N

Neuropsychologie und Angst

Die Hirnforschung umging lange Zeit die Untersuchung von Emotionen und Affekten. Man widmete sich vorzugsweise den neurobiologischen Grundlagen von Wahrnehmung und Motorik. Ebenso war vor einigen Jahrzehnten noch unklar, wie Gerhard Roth einmal sagte, „wie man den [...] Emotionen empirisch-experimentell beikommen konnte" (KANDEL 2006, 9). Dies änderte sich mit der Entwicklung der bildgebenden Verfahren in den 1980er-Jahren (siehe oben).

Die Positronen-Emissions-Tomografie (PET) beispielsweise macht den Glukoseverbrauch jedes Hirnareals sichtbar. Glukose ist quasi der Brennstoff für jegliche Gehirnaktivität. Der Glukoseverbrauch steigt immer in derjenigen Gehirnregion an, die gerade „arbeitet".

Mittlerweile weiß man sehr viel über die Beteiligung der verschiedenen Hirnabschnitte am Fühlen, Denken und Handeln. Ein Beispiel: Wenn Sie ein wissenschaftliches Fachbuch lesen, steigt der Glukoseverbrauch im assoziativen Kortex an; das ist ein Bereich, neben anderen, der für höhere kognitive Leistungen zuständig ist.

Lassen Sie uns nun gemeinsam einen Blick ins Gehirn werfen, um die neurobiologischen Grundlagen der Angst kennen zu lernen.

Verschiedene Gehirnbereiche – verschiedene Aufgaben

Jeder Mensch befindet sich die meiste Zeit seines Daseins in einem Dilemma, auf das schon Freud sehr genau eingegangen ist: Wir haben zwei Seelen in unserer Brust, eine rationale und eine emotionale. Anders gesagt: Innerlich sind wir uns öfter uneins.

Sobald es um Angst oder -störungen geht, arbeiten verschiedene Hirnareale, die für das Rationale bzw. Emotionale verantwortlich sind, nicht (mehr) zusammen, sondern gegeneinander. DANIEL GOLEMAN, der Verfasser der *Emotionalen Intelligenz* (2005), nennt dies das „Paradoxon unserer Existenz". Wie es genau zu diesem Dilemma kommt, erklären neurowissenschaftliche Beobachtungen.

Großhirnrinde

Die Großhirnrinde (zerebraler Kortex), sozusagen die Außenseite des Gehirns, ist historisch gesehen das jüngste Produkt der Evolution. Der präfrontale Kortex, ein Teilbereich, liegt direkt hinter der Stirn; er macht rationales Denken, Wissenschaft, Kunst und Problemlösungen im Alltag möglich. Wird dieses Hirnareal beeinträchtigt, etwa durch Verletzungen, kommt es zu Störungen des Sozialverhaltens (DAMASIO 2001).

In Bezug auf das Angsterleben hat der präfrontale Kortex die Aufgabe, Sinnesreize, die täglich auf uns einströmen, auf ihre potenzielle Gefährlichkeit hin zu untersuchen. Der präfrontale Kortex ist außerdem in der Lage, die Tätigkeit von denjenigen Gehirnregionen zu unterdrücken, die Angst hervorbringen. Das heißt: Jeder kann Furcht überwinden.

Die drei Angstzentren

Am Angsterleben sind, wie gesagt, diverse Hirnareale beteiligt (DOZIER 2001). Das sogenannte **primitive Angstzentrum** verweist auf unsere tierische Herkunft, es wird daher auch Reptiliengehirn oder limbisches System genannt. Zu ihm gehören außerdem der Thalamus („Tor zum Bewusstsein") und der Hypothalamus, der unter anderem vegetative und hormonelle Prozesse reguliert.

Emotionale Verstimmungen bis hin zu den stürmischsten Leidenschaften sind Ergebnis der Aktivität des limbischen Systems. Dementsprechend heißt es bei Goleman (2005, 28): „Wenn heftiges Verlangen oder Wut uns packt, wenn wir bis über beide Ohren verliebt sind oder entsetzt zurückweichen, dann hat uns das limbische System im Griff."

Hier werden auch, und das ist in Hinsicht auf Furchtkonditionierungen relevant, *alle* positiven wie negativen emotionalen Erfahrungen abgespeichert – lebenslang! Denn die Amygdala, das Zentrum des limbischen Systems, „vergisst nie".

Die Amygdala ist ferner verantwortlich für die Aktivierung der (unliebsamen) körperlichen Angstsymptome (LEDOUX 2001). Sobald Reize aufgenommen werden, die entweder von Naturwegen her gefährlich sind oder mit vergangenen Leidenszuständen verknüpft werden, stimuliert die Amygdala augenblicklich den Sympathikus.

Dieser schüttet, wie wir oben gesehen haben, innerhalb von Sekundenbruchteilen Stresshormone aus, die uns auf Konfrontation bzw. Flucht trimmen. Dabei muss festgehalten werden, dass dies automatisch und unabhängig von jeglicher Tätigkeit der Großhirnrinde erfolgt. Der Weg über dieses Areale würde auch viel zu viel Zeit in Anspruch nehmen.

Die Amygdala ist also, um ein Ausdruck GOLEMANS zu gebrauchen, ein „neuronaler Stolperdraht". Quasi aus dem Nichts kann uns daher Angst „einfach so" überwältigen.

Dies ist manchmal sinnvoll, nämlich bei angebrachter, real begründeter Furcht, aber auch oft absurd und beschränkt, weil die Amygdala, ohne unser bewusstes Zutun, auch sinnlose, lediglich antrainierte Angstreaktionen aus unserer Kindheit auslöst. Die Amygdala arbeitet nämlich bedauerlicherweise sehr ungenau. Reize werden grob eingeteilt in: gefährlich/ungefährlich.

Das **rationale Angstsystem** hat seinen Sitz im vorderen Drittel der Großhirnrinde. Es arbeitet langsamer als das limbische System, dafür aber genauer. Seine Bestandteile sind: präfrontaler und orbitofrontaler Kortex. Mittels dieses Systems können wir Ängste nach den Gesetzen der Logik bewerten und Folgen von Reaktionen bewusst abschätzen.

Dabei geht es vornehmlich darum, welche Art von Handlungen welche potenziellen Konsequenzen nach sich ziehen: positive oder negative? (ROTH 2003, 282). Wir können annehmen, dass die oben beschriebenen Angst auslösenden Denkmuster/Schemata unter anderem auch im rationalen Angstsystem anzutreffen sind.

Das dritte Angstsystem ist nach DOZIER (2001, 28) das **Bewusstsein**; es ist von allen das mächtigste. Das Bewusstsein ist quasi die oberste Entscheidungsinstanz. Sein effizientestes Potenzial: Reflexionsfähigkeit. „[Es] ist der Schiedsrichter bei Konflikten zwischen primitivem und rationalem Angstsystem, zwischen Empfindung und Verstand." Gebildet wird das Bewusstsein vom gesamten Neokortex (der stammesgeschichtlich jüngste Teil der Großhirnrinde) und anderen Hirnarealen.

Wie entstehen nun Angstreaktionen? Gehen wir Schritt für Schritt vor.

Zusammenspiel der Angstzentren

Der Angstkreislauf beginnt mit der Wahrnehmung. Sämtliche Reize aus der Außenwelt werden nach neurowissenschaftlichen Erkenntnissen permanent von unseren sechs Sinnen aufgenommen. Alle Reize laufen an einem Punkt im Gehirn zusammen, im Thalamus.

Von hier aus werden die Informationen an verschiedene Areale weitergeleitet. Eine relativ langsame Verbindung führt zur Hirnrinde, eine sehr schnelle zur Amygdala. Letztere Verbindung umgeht, und das ist sehr wichtig für das Angstverständnis, die Großhirnrinde; diese Verarbeitung läuft also unterschwellig, komplett unbewusst ab.

Weil die Amygdala permanent sehr rasch – aber ungenau – Umweltreize aufnimmt, kommt es oft, bei Menschen mit Angststörungen viel zu oft, zur Aktivierung des limbischen Systems, ergo zu Angstzuständen. Das primitive Angstsystem reagiert in solchen Fällen hypersensibel, nämlich immer dann, wenn Umweltreize intuitiv als gefährlich eingeschätzt werden. Es gilt: Je mehr Furchtkonditionierungen man in der Kindheit und Jugend erlebt hat, desto öfter schlägt das primitive Angstsystem Alarm, schließlich wird ja alles „auf Festplatte" aufgezeichnet.

Zur Illustration ein Beispiel, in dem die drei beschriebenen Angstsysteme und deren Funktionsweisen klar werden: Stellen Sie sich vor, Sie fahren gerade mit einer Geschwindigkeit von zirka 130 km/h auf der Autobahn. Sie möchten gleich einen Wagen überholen.

Ihr Auto hat bereits die Mitte der Fahrbahn überquert, da schauen Sie noch einmal obligatorisch in den Rückspiegel. Plötzlich: ein Schock! (der durch das *primitive Angstsystem* veranlasst wird). Ein Sportwagen schießt auf der linken Spur direkt auf Sie zu. Sie erstarren. In letzter Sekunde bremst der Raser ab und lässt noch zirka 30 Zentimeter Platz zwischen seiner und Ihrer Stoßstange. Ihr Herz hämmert in der Brust, Sie beginnen zu schwitzen, aber Sie können endlich wieder Luft holen.

Erst jetzt meldet sich das *rationale Angstsystem* zu Wort und Sie denken etwa: „Was hätte eben alles passieren können! Dem würde ich jetzt am liebsten an den Hals springen!" Sie schauen immer noch in den Rückspiegel. Das primitive Angstsystem beruhigt sich etwas.

Es erheben sich Zweifel: „Fahre ich einfach rechts rüber – und damit hat sich's?" Ihr drittes Angstsystem, das *Bewusstsein*, entscheidet nun in letzter Instanz: „Ganz ruhig, so Typen wie der brauchen das, um sich zu profilieren. Fahr rüber, lass ihn vorbei." Und Sie tun es.

In diesem Beispiel gibt es, wie Sie sehen, ein Happy End. Das ist nicht immer so, weil die niederen Hirnaktivitäten oft das Bewusstsein lahmlegen. Daraus folgt, dass man unbedingt an der Stärkung der höheren Hirnareale arbeiten sollte, denn die niederen werden Sie Ihr ganzes Leben lang nicht in Ruhe lassen.

Viele Therapien zielen übrigens genau darauf ab. Sie wirken, teils durch Einsicht, teils durch Gewöhnung an die „Gefahr", weil dadurch diejenigen Regionen im Gehirn Aufwind bekommen, die im Stande sind, die Aktivität der Amygdala zu dämpfen.

Noch ein Wort zur allgemeinen Bedeutung von Emotionen im Alltag. Sie sind allgegenwärtig, zu jeder Zeit. Die Amygdala, das Emotionszentrum, *bewertet* kontinuierlich (auch im Schlaf) *alle* Reize aus der Umwelt.

Es dreht sich *immer* um die Frage: Ist die Umgebung, in der ich mich gerade befinde, angenehm, neutral oder gefährlich. Die Amygdala wird Sie jederzeit und bis zum Tod spüren lassen, was sie von der jeweiligen Umgebung und auch von Menschen hält, mit denen Sie sich gerade unterhalten.

Denn neue Informationen, Umgebungen und Gesichter von Menschen werden immer mit *früheren*, abgespeicherten Sinneseindrücken abgeglichen. HARRIS & HARRIS (1985/2006, 40) kommen daher zu dem Schluss: „Wir können in der Gegenwart kein Gefühl haben, das nicht an ähnliche, in der Vergangenheit aufgezeichnete Gefühle angeschlossen ist."

Das ganze Dasein wird also durch die Funktion der Amygdala kontinuierlich emotional „eingefärbt". Weil, wie wir heute wissen, viel mehr Verbindungsbahnen vom limbischen System zur Hirnrinde verlaufen als umgekehrt, greifen Emotionen viel stärker ins Alltagsgeschehen ein, als man von Natur her annehmen würde.

Nosophobie

Manche Klienten fokussieren ihre Aufmerksamkeit auf alles, was mit Krankheiten oder anderen Beeinträchtigungen zu tun hat, und zwar in Bezug auf die eigene Person. Es dreht sich bei der sogenannten Nosophobie um das Grundthema: Sorge um die eigene Gesundheit.

Kurz gesagt, ein Klient mit Nosophobie hat unglaubliche Angst davor, krank zu werden. Daher fürchtet man sich vor Krankheitserregern, nass-kaltem Wetter, Bakterien, ungesunden Bestandteilen in Nahrungsprodukten usw. Der bekannteste Nosophobiker dürfte wohl Michael Jackson gewesen sein, der bei öffentlichen Auftritten stets den Körperkontakt meidet und fast immer mit dem unvermeidlichen Mundschutz zu sehen ist.

Betroffene sind sehr extrem in Sachen Gesundheitsprophylaxe. Die mit dieser Phobie einhergehende typische selektive Wahrnehmung offenbart sich im permanenten Aufspüren von potenziellen Gefahrensignalen. Dies zieht diverse Vorsichtsmaßnahmen nach sich.

Wird über eine anstehende Grippewelle berichtet, greift man unvermittelt zum Hörer, um beim Hausarzt, den man unter vielen verschiedenen als „den besten" auserkoren hat, einen Impftermin zu vereinbaren. Munkelt man in der Nachbarschaft über einen „Rekord-Sommer", kauft sich der Nosophobiker am nächsten Tag Sonnencreme mit ausreichendem Lichtschutzfaktor.

Nosophobiker haben immer ein offenes Ohr für ihre Körperreaktionen. Die Aufmerksamkeit sich selbst gegenüber ist überdurchschnittlich stark ausgeprägt. Weil sie diesbezüglich hypersensibel sind, sorgen sie sich ständig um ihre Gesundheit. Die meisten Körpervorgänge werden in Sensationen verwandelt und verbalisiert. Der Partner beispielsweise wird über *alle* Einzelheiten einer schlechten (oder auch gelungenen) Verdauung informiert.

P

Paarberatung

Paarberatung im Kontext der psychosozialen Arbeit wird an Erziehungsberatungsstellen angeboten. Die professionellen Helfer sind meistens ausgebildete Sozialpädagogen oder Sozialarbeiter mit einer Zusatzausbildung, häufig eine systemisch orientierte (VON SCHLIPPE 1995). Es gibt verschiedene Sozialformen. Der Berater arbeitet je nach Fall mit Einzelpersonen, Paaren oder auch mit Familien.

In diesem Arbeitsfeld ergeben sich aufgrund der Rahmenbedingungen einige Änderungen im Schemapädagogik-Ablauf. Die Phase des (üblicherweise verdeckten) komplementären Beziehungsaufbaus fällt weg. Im Paartherapie-Setting drängt sich eine offene, transparente Psycho-Edukation auf, da die Paare sich der Existenz von Problemen bewusst und demnach motiviert sind, die Verhältnisse zu verbessern.

In Bezug auf die Beziehungsgestaltung heißt das: die populären Beratervariablen Empathie, Kongruenz und Akzeptanz reichen aus, um mit den Klienten effizient arbeiten zu können.

Der Berater achtet, wie auch im Arbeitsfeld Sozialpädagogische Familienhilfe der Fall, auf die Wahrung der Neutralität. Er ist sich darüber bewusst, dass manche Partner den Berater dazu animieren, eine Allianz gegen den Anderen zu schmieden.

Auch der Faktor Problemaktualisierung ist hiervon betroffen, das heißt, er spielt aus dem genannten Grund ebenfalls keine Rolle in der Paarberatung. Das Paar gibt ja bereitwillig Auskunft über den Beziehungsalltag und über die anfallenden Unstimmigkeiten. Diese Informationen sind die Ausgangsbasis der schemapädagogischen Interventionen.

Die im Folgenden skizzierten Feststellungen und Vorgehensweisen sind auf das Eingangsbeispiel zugeschnitten; sie orientieren sich an dem kürzlich erschienen Transfer des Schematherapieansatzes auf die Paartherapie (ROEDIGER & JACOB 2010). Im Anschluss daran werden verschiedene Möglichkeiten und Innovationen für die psychosoziale Arbeit mit Paaren beschrieben.

Beispiel: Schemapädagogik in der Paarberatung

Ehepaar G. sucht eine Paarberatungsstelle auf. Das Paar ist seit vier Jahren verheiratet. Stefan (35) ist Sozialarbeiter, Lisa (32) Hausfrau. Grund für die Beratung sind häufige Konflikte im Alltag. Das Paar streitet sich oft. Stefan fasst seine Sicht der Dinge zusammen: „Lisa müsste einfach aktiver am Leben teilnehmen, sie ist so passiv! Und sie könnte sich öfter bei mir bedanken!" **(Kompensation des Schemas Aufopferung)** *Lisa hat eine andere Wahrnehmung: „Stefan reißt alles an sich und sieht mich wie ein kleines Kind! Wieso sollte ich ihm dankbar sein?"* **(Kompensation des Schemas Abhängigkeit/Inkompetenz)**

Kennengelernt hatten sich beide auf einer Uni-Fete. Er arbeitete gerade am Getränkeausschank. Als sie sich etwas zu trinken bestellte, kamen sie ins Gespräch. Lisa verarbeitete gerade eine missglückte Klausur und war eigentlich nicht zum Flirten aufgelegt. Aber Stefan imponierte Lisa; vor allem durch seine Selbstsicherheit. Sie hörte schon viel Positives über ihn von ihren Freundinnen. Er war in seinem Fachbereich sehr beliebt, da er viele Projekte für Studenten anbot und sich für deren Rechte einsetzte **(Erduldung des Schemas Aufopferung)**. *Noch am ersten Abend wurden ausgiebig ihre Probleme gewälzt. Er interessierte sich sehr für sie – was ihr imponierte.*

Die Chemie stimmte vom ersten Moment an. Es folgten weitere Treffen – und Stefan half Lisa bei ihrem Studium (letztlich bestand sie aber aufgrund von Panikattacken und Erkrankungen ihre Abschlussprüfungen nicht) **(Erduldung des Schemas Abhängigkeit/Inkompetenz)**. *Sie war totunglücklich, und Stefan stand ihr beiseite. Daraus zog er viel Selbstbestätigung. („Ich fühle mich gut,* wenn ich meinen Mitmenschen helfen kann!")

Nachdem Stefan sein Studium erfolgreich beendete und gleich eine Anstellung fand, bezogen die beiden eine gemeinsame Wohnung. Der Sozialarbeiter bestand darauf, die Miete selbst zu bezahlen. Er organisierte den Haushalt, die Finanzplanungen, die Freizeit (**Erduldung des Schemas Aufopferung**). Das Grundthema „Sorgen und umsorgt werden" stellte die Basis der Partnerschaft dar. Schließlich musste Lisa nur noch Stichwörter geben (**Erduldung des Schemas Abhängigkeit/Inkompetenz**), Stefan reagierte irgendwann automatisch („Hunger!", „Langweilig!", „Krank").

In dieser Zeit begannen die Probleme, die nunmehr den Partnerschaftsalltag bestimmen. Lisa wurde das „ständige Umsorgen" zu viel (**Modus Aggressiver Beschützer**). Auf der anderen Seite tat sie aber nichts gegen ihren Lebensstil, den der Paarberater nach einigen Treffen als passiv diagnostizierte. Im Gegenteil, sie verstärkte ihn sogar unbewusst, versagte auffällig oft bei Vorstellungsgesprächen, die Stefan mit verschiedenen Arbeitgebern vereinbarte (**Modus Manipulierer, Trickser, Lügner**). Sie machte „aus Versehen" Fehler bei den simpelsten Haushaltsaufgaben (falsche Programmierung der Waschmaschine, fehlerhafte Bedienung des Herds, unzureichender Wohnungsputz) (**Modus Manipulierer, Trickser, Lügner**). Dies brachte Stefan regelmäßig auf die Palme. Diese Art Stress ertränkte er meistens in Rotwein (**Modus Distanzierter Selbstberuhiger**). „Die Hilflosigkeit, die Lisa seit Beginn der Partnerschaft an den Tag legt, empfinde ich schon lange nicht mehr als angenehm", sagt er in einer Sitzung.

Zwei Monate vor Beginn der Paarberatung spitzten sich die Konflikte zu. Lisa beschwerte sich darüber, dass er zu selten zu Hause sei (**Modus Ärgerliches (bzw. Wütendes) Kind**), er hätte zu viele „Baustellen" (ehrenamtliche Tätigkeiten in pädagogischen Einrichtungen). Sie wünschte sich mehr Nähe und Unterstützung, er mehr Dank für seine Hilfsbereitschaft.

Schemapädagogische Analyse und Interventionen

Bei Stefan und Lisa handelt sich um eine sogenannte komplementäre Partnerwahl. Sein zentrales Schema Aufopferung korrespondiert mit ihrem Muster Abhängigkeit/Inkompetenz. Zu Beginn der Partnerschaft ergänzen sich beide hervorragend. Lisa ist glücklich darüber, dass Stefan ihr bei ihren Lebensproblemen hilft, er schöpft daraus Selbstbestätigung.

> *Zum Konflikt kommt es schließlich, weil die beiden Positionen im Laufe der Zeit unflexibel geworden sind. Die Partnerschaft stagniert: Stefan stemmt irgendwann widerwillig die Organisation der Beziehung, bekommt aber dafür von Lisa kein Lob, da auch sie mit der Gesamtsituation unzufrieden ist, sie empfindet sich als hilflose Person.*
>
> *Die Paarberatung zielt nun darauf ab, die einseitige Rollenverteilung auszubalancieren. Das heißt, Lisa muss selbstständiger werden, andererseits muss Stefan solche Tendenzen entgegen seines zentralen Schemas positiv verstärken. Auf der anderen Seite sollte Stefan lernen, auch eigene Bedürfnisse und Ansprüche gegenüber Lisa anzumelden. In diesen Situationen sollte sie die Aktivierung ihres Schemas Verstrickung/unentwickeltes Selbst bemerken und unterdrücken; ansonsten reagiert sie auf das Verhalten von Stefan negativ.*
>
> *Es bietet sich im Rahmen der Beratung außerdem an, Schema- und Schemamodus-Memos zu verfassen, die die Partner mit nach Hause nehmen und in ihre neuartige Alltagsgestaltung integrieren.*

Panikstörung

Dieses Phänomen ist eine Beeinträchtigung, die sich durch spontane unkontrollierbare Panikattacken charakterisiert. Der Panikanfall überkommt den Betroffenen meist ohne Ankündigung, er passiert quasi „aus heiterem Himmel", was dem Geschehen eine besondere Brisanz verleiht.

Die Betroffenen haben mitunter Todesängste während der Anfälle. So lässt sich auch leicht nachvollziehen, wieso man bereits in Folge *einer* Panikattacke zum Agoraphobiker werden kann.

Man definiert nämlich irrtümlicherweise die *Umgebung* als Ursache der Attacke, also einen Bus, ein Kaufhaus usw. Wer einmal eine Panikattacke erlebt hat, ist infolgedessen ein gebranntes Kind. Und das scheut bekanntlich das Feuer, sprich die für die Attacke scheinbar „verantwortliche" Umgebung. Ist man dann aushäusig unterwegs, kann eine Erwartungsangst à la „Hoffentlich kriege ich *jetzt* keinen Panikanfall!" geradewegs einen solchen auslösen.

Während eines Panikanfalls fühlt man sich hilflos und ohnmächtig. Sehr beunruhigend sind auch die körperlichen Symptome während einer Attacke:

Herzrasen, Schwindel, Schweißausbruch, Hyperventilation. Bei sehr starken Reaktionen kommt es auch zu erstickungsähnlichen Phänomenen und extremen Schmerzen in der Brust; dies treibt die mit Panikattacken ohnehin einhergehende Angst zu sterben auf die Spitze. Doch Sie erahnen es schon: Diese Furcht ist unbegründet! *An einer Panikattacke kann man nicht sterben*! Die Symptome sind *harmlos*. Sie erscheinen nur dem Betroffenen als lebensbedrohlich.

Daher konfrontieren Verhaltenstherapeuten diverse Panikpatienten mit ihren Krankheitszeichen, um über kurz oder lang die Erkenntnis zu vermitteln, dass ein Panikanfall nicht gesundheitsschädlich ist. Herzrasen beispielsweise hat jeder Jogger oder Leistungssportler beim Training; Schweißbildung und Kurzatmigkeit kommen bei jeder körperlichen Ertüchtigung vor.

Betroffene *bewerten* diese Symptome irrational. Man übertreibt bei der Einschätzung ihrer Gefährlichkeit. BANDELOW (2004, 55) sagt daher scherzhaft: „Manche Leute bezahlen in der Sauna Geld dafür, dass sie beim Eukalyptus-Latschenkiefer-Aufguss die gleichen Symptome bekommen wie andere unfreiwillig bei einer Panikattacke."

Man geht davon aus, dass die Auslöser einer Panikattacke innerpsychische Vorgänge darstellen, die falsch interpretiert werden. Nach kognitionspsychologischen Erkenntnissen spielt vor allem eine Rolle, *wie* Individuen Körperreaktionen wahrnehmen. Im Fall der Panikstörung setzen Betroffene nichtwissend einen Teufelskreis in Gang. Denn durch die Aktivierung irrationaler Denkmuster verstärken sich die Körpersensationen, die ihrerseits wiederum das negative Denken potenzieren. Zusammenfassend gesagt, durch übermäßige Selbstaufmerksamkeit und vernunftwidriger Interpretation von Phänomenen kommt es (immer wieder) zur Panik.

Was steht dahinter? Auch diese Angststörung lässt sich häufig als Symptom diagnostizieren, das auf tiefer liegende Konflikte hindeutet. Dahinter stehen nach KLEESPIES (2003, 102) manchmal Ängste vor dem Verlust nahe stehender Familienmitglieder oder des Lebenspartners. Auch die Angst vor dem Alleinsein geht oft mit dieser Angststörung einher. Daher muss man bei Menschen mit Panikstörung immer auch die aktuellen sozialen Verhältnisse berücksichtigen. Betroffene können sich also konkret fragen: „Gibt es etwas Wichtiges, was ich mit meiner Krankheit erreiche? Was würde ich bei Verlust dieser Angststörung verlieren?"

Paraphrasieren und aktives Zuhören

Eine der wichtigsten Erkenntnisse der modernen Kommunikationspsychologie ist, dass wir „mit vier verschiedenen Schnäbeln sprechen" (SCHULZ VON THUN 1998), das heißt, Appell, Selbstoffenbarung, Beziehungs- oder Sachaspekt in einer sprachlichen Nachricht ausdrücken können (› *Kommunikation ist vierseitig, Band 1*).

Weil wir oft nicht wissen, was unsere Klienten mit bestimmten Kommunikationsinhalten genau bezwecken, etwa: „Mir geht's heute sauschlecht!", bieten sich verschiedene Techniken an, etwa das sogenannte **Paraphrasieren** (= verbales Widerspiegeln).

Das Widerspiegeln sollte möglichst neutral klingen, es darf nicht der Hauch einer Kritik mitschwingen. Die Antennen unseres Klienten sind im Konfliktgespräch immer sehr sensibel eingestellt!

Wir können versuchen, den jeweiligen Hauptaspekt der Nachricht wertfrei aufs Klarste herauszuschälen, zum Beispiel so „Du sagst, dir würde es heute schlecht gehen, bist du gestresst?" Auf diese Weise kann sich der Klient klarer ausdrücken.

Aktives Zuhören ist eine weitere Methode, um unserem Gesprächspartner zu mehr Selbstverständnis zu verhelfen. Eine Möglichkeit liegt darin, dass wir das, was unser Gegenüber ausspricht, mit einigen Schlüsselworten wie „Ja!", „Hm!", „So!" usw. kommentieren. Dadurch wird der Klient dazu animiert, weiterzusprechen; er fühlt sich ernstgenommen.

Fazit: Paraphrasieren und aktives Zuhören sind hilfreiche Methoden beim Beziehungsaufbau. Dadurch entsteht mehr Klarheit, tiefer liegende Zusammenhänge werden sichtbar.

Posttraumatische Belastungsstörung

Bekanntlich machen manche Menschen furchtbare Erfahrungen, die die Seele dauerhaft schädigen und das zukünftige Leben stark beeinträchtigen können. Unsagbar Schreckliches passiert etwa Opfern von Entführungen, Vergewaltigungen, sexuellem Missbrauch usw. Außerdem zu nennen sind natürlich auch Erlebnisse, die weite Kreise ziehen, ganze Massen auf einmal treffen, zum Beispiel Kriege oder Naturkatastrophen.

Die meisten Traumata können psychisch nicht verarbeitet werden, sie belasten den Betroffenen, mal mehr, mal weniger ausgeprägt. Ganz „los" wird man die Erlebnisse nie, sie brennen sich ins Gehirn ein. Natürlich hängt es immer von der eigenen Persönlichkeit ab, ob und wie ein Trauma bewältigt wird. Leidtragende können von quälenden Albträumen und Flashbacks heimgesucht werden, was noch relativ harmlos ist.

Starke Ängste hingegen überfallen Menschen mit Posttraumatischer Belastungsstörung (PTBS) in verschiedenen Alltagssituationen aus dem Nichts heraus. Dies geschieht z.B. dann, wenn Umweltreize wahrgenommen werden, die mit dem schlimmen Urerlebnis mutmaßlich zusammenhängen, etwa eine Zeitungsmeldung, ein Fernsehbericht, bestimmte Geräusche, Gerüche usw.

Von dieser Störung Betroffene offenbaren häufig folgende Symptome: Schlafstörungen, Konzentrationsschwächen, Nervosität, Hypersensibilität, Depressionen. Nicht selten neigt man zum Medikamenten- oder Alkoholmissbrauch (BREWIN et al. 1999).

Therapeuten unterscheiden zwei verschiedene Arten von Erfahrungen, die zur PTBS führen können. Unter „Typ 1" werden einschneidende traumatische Ereignisse zusammengefasst, die von kurzer Dauer sind, unerwartet und nur einmal auftreten. Wir können hierbei an Unfälle, Überfälle, Körperverletzung, Vergewaltigung denken. Auch tragische Situationen, in denen man etwa einen Mord oder Selbstmord als Zuschauer mitbekommen hat, können die PTBS auslösen.

„Typ 2" ist die Bezeichnung für länger andauernde Traumata. Manchmal müssen Opfer psychischen und physischen Schmerz über Monate oder gar Jahre hinweg erleiden. Einige Beispiele: Geiselhaft, sexueller Missbrauch/Gewalt im Elternhaus.

Projektion, allgemein

WILHELM REICH, ein innovativer FREUD-Schüler, hat in einem seiner Hauptwerke zur Psychoanalyse, *Charakteranalyse* (1933/2002), ein umfangreiches Kapitel mit der Überschrift „Emotionelle Pest" verfasst.

Die Pest als *körperliche* Krankheit kennt man als tödliches Phänomen im mittelalterlichen Europa.

Mit diesem Begriff, „emotionelle Pest", meint REICH im weitesten Sinne Erscheinungen des Übels im *sozialen* Miteinander, genauer, die unbewussten und manchmal bewussten kleinen und großen Bösartig- und Hässlichkeiten, die man sich gegenseitig antut.

Formen der emotionellen Pest sind für REICH unter anderem: passive und aktive Autoritätssucht, Moralismus, parteiliches Politikantentum, familiäre Konflikte, sadistische Erziehungsmethoden, masochistische Duldung solcher Erziehungsmethoden, Tratsch und Diffamierung, autoritärer Bürokratismus, Geldgier (1933/2002, S. 335).

Als Vorreiterin der meisten sozialen Übel lässt sich ganz ohne Zweifel die *negative Projektion* benennen (ebenda). Auf diese wird hier näher eingegangen, einerseits weil nicht nur Klienten von diesem betroffen sind, sondern auch wahrscheinlich manche Professionelle; andererseits sind Projektionen, positive wie negative, bei (fast) jeder Alltagskommunikation – unwillkürlich – mitbeteiligt und müssen zur Erlangung von innerer Klarheit unabdingbar bewusst gemacht werden.

Zunächst einige Bemerkungen zum Begriff. FREUD hat verschiedene unbewusste Abwehrformen der Klienten, die sich bei ihm in Therapie befanden, beobachtet und aufgezeigt. Diese Widerstände dienen dem Klienten dazu, ungeliebte Vorstellungen, traumatische Erlebnisse und unmoralische, vor allem sexuelle Gedanken zu verdrängen. *Eine* Form des Widerstandes stellt der hier besprochene Mechanismus dar.

Die Projektion ist aber nicht nur ein Charakteristikum der Abwehr, sie beeinflusst auch die Lebensphilosophie im sonstigen Alltag. Insbesondere entlarven sich Projektionen als Vorurteile gegenüber bestimmten Personengruppen (siehe unten).

Projektionen offenbaren sich automatisch auch im Erziehungsalltag, quer durch alle Bildungsschichten hinweg. Ein gängiger Fall: Ein Kind, das in einer traditionell-konservativen Akademikerfamilie heranwächst, wird häufig denselben Weg über die Universität gehen (müssen) wie seine Bezugspersonen.

Dem Sprössling einer x-beliebigen Arbeiterfamilie ergeht es im Allgemeinen ähnlich, nur unter umgekehrten Vorzeichen. Sollte er sich für eine Universitätslaufbahn entscheiden, wird er in den meisten Fällen wahrscheinlich Folgendes hören: „Was!? Studieren. Willst wohl nix arbeiten, wie? Mach was Ordentliches: eine Lehre!"

In beiden Situationen offenbaren sich subjektive Projektionen; sie verweisen demnach nur auf die inneren Zustände des jeweiligen Senders. Dies ist natürlich ein allgemeines Schicksal dieses Vorgangs; er spiegelt stets individuelle Anschauungen wider. Eigene Werthaltungen werden dem Mitmenschen quasi zwanghaft „übergestülpt", der Sender möchte den Empfänger nach seinen Auffassungen verändern.

Projektion, erste Art

Wir unterscheiden im vorliegenden Rahmen drei verschiedene negative Projektionsarten. Beginnen möchten wir mit derjenigen, die das zwischenmenschliche Zusammensein besonders effizient sabotiert und permanent unmerklich gefährdet. Diese Sorte führt zu seelischen und körperlichen Verletzungen.

Das hier thematisierte menschliche Phänomen entsteht in der Kindheit. In manchen Familien werden Affekte wie Eifersucht, Missgunst, Aggressionen von den Erziehern überhaupt nicht geduldet; als Reaktion treten repressive Erziehungsmethoden auf den Plan.

In der Folge kann seitens des Heranwachsenden ein sehr präsentes Gewissen entstehen (› *Schema Bestrafungsneigung*). Ein entsprechend überstrenges Über-Ich wird den inneren Konflikt aber noch weiter anheizen.

Dann geschieht möglicherweise über kurz oder lang Folgendes: die eigenen gehemmten Affekte werden im Allgemeinen auf bestimmte Mitmenschen projiziert, provoziert(!) und dann angegriffen.

Als ganz allgemeine, noch recht harmlose Projektionsbeispiele aus dem Alltag können wir festhalten: Lästern, Verleumden, Denunzieren, Anschwärzen,

Hetzen usw.

Einige Beispiele aus dem Alltag. Der Betreffende ...

- ... notiert in auffälliger Weise die Nummernschilder falsch geparkter Autos vor seiner Wohnung und wartet währenddessen geduldig, bis ein Autobesitzer schließlich angriffslustig „wird", um ihn mit reinem Gewissen anzuzeigen (schließlich hat er ja mit seiner Falschparkerei einen rechtschaffenden Bürger „provoziert");
- ... fährt in der 30er-Zone mit einer Geschwindigkeit von knapp über 20 Km/h, damit man sich über die „Drängler" beschweren und aufregen kann;
- ... spaziert werktags, 19.50 Uhr, also kurz vor Feierabend, in ein Geschäft des Einzelhandels und „interessiert sich" für irgendeinen Artikel. Wenn man dann unvermeidlicherweise irgendwann zum Gehen aufgefordert wird, kann das Aggressionsventil geöffnet werden;
- ... fährt mit Freunden auf Sportveranstaltungen, um sich dort mit den gegnerischen Fans, die die eigenen Anhänger „aufgestachelt" haben, zu prügeln;

Zusammengefasst gesagt: Mithilfe von Projektionen verlegt ein Mensch, der es nicht vermag, Frust und Aggressionen professionell zu kanalisieren, sein inneres Thema auf seine Mitmenschen; er geht seine eigenen Schattenseiten in der Außenwelt an, um sein seelisches Gleichgewicht wieder herzustellen.

Projektion, zweite Art

Kommen wir zur zweiten der hier thematisierten Projektions-Gattungen. Beim ersten Fall wurden ausschließlich niedere, animalische Emotionen unbewusst übertragen, das heißt, am Mitmenschen „gesehen" und angegriffen.

Nun haben wir es mit dem Spiegeln von verdrängten Persönlichkeitsmerkmalen ganz allgemeiner Art zu tun, zu denen man, meist wegen hinderlicher Sozialisation, eine ambivalente Beziehung pflegt. Konkretisieren wir diesen Gedanken anhand der tiefenpsychologischen Charakterkunde.

Als wir die verschiedenen Charaktertypen vor dem Hintergrund der Tiefenpsychologie thematisierten (› *Charakterkunde, tiefenpsychologische, Band 1*), wurde festgehalten, dass alle beschriebenen Lebensstile trotz auffälliger Unterschiede eines gemeinsam haben: ihre mit großem Aufwand betriebene *Einseitigkeit*.

– Die sogenannte zwanghafte Persönlichkeit zum Beispiel offenbart sich als überzogen gefühlsabwehrend und imponiert in nahezu jeder Alltagssituation durch „ausgeprägte Rationalität" (und fühlt sich gerade deshalb dann und wann zu emotionalen Menschen hingezogen). – Der mütterliche Charakter andererseits stellt sich vorwiegend als empathischer und ungezwungener Gefühlsmensch dar, der sein „Herz auf der Zunge trägt" (weshalb manchmal zwanghafte Charaktere sehr reizvoll erscheinen. – Der phallische Narzisst (Typ: Macho) erscheint durch und durch „maskulin" ausgerichtet zu sein; an manchen Tagen hegt er jedoch Interesse für „starke Frauen".

Interessant ist, dass die beschriebenen Charaktere irgendwann einmal in die Situation kommen, in der sie ihre verdrängten Eigenschaften auf „passende" Mitmenschen projizieren – was wiederum zu prosozialem beziehungsweise aggressivem Verhalten führen kann.

Projektion, dritte Art

Die letzte Projektionsform, die wir hier thematisiert wird, entsprich einer tendenziell aggressiven Manipulationsmethode. Sie soll das Gegenüber dazu animieren, bestimmte Handlungen auszuführen.

Konkret gesagt: Der Sender projiziert sein Norm- und Wertempfinden auf den Gesprächspartner; handelt Letzterer in den meistens Alltagssituationen so, wie es Ersterer für richtig hält, ergeben sich keinerlei Komplikationen. Wird der Manipulation nicht Folge geleistet, führt dies zu Konflikten.

Auf diese Projektions-Spezies hat unter anderem RICHTER (1963/2000) hingewiesen, und zwar in Zusammenhang mit dem Thema: Familiensystem. Seinen Ausführungen zufolge müssen manche Kinder häufig die Lebensentwürfe, Gepflogenheiten und Hobbys ihrer Eltern praktizieren. Grund: Vater und/oder Mutter projizieren demnach ihre eigenen Wünsche, Motive usw. unbewusst in das Kind.

RICHTER argumentiert weiter, dass die betreffenden Bezugspersonen mitunter auch die eigenen Schwächen von sich selbst abspalten und in ihren Nachwuchs projizieren. Das Kind soll dann – quasi im zweiten Anlauf – das schaffen, was die Erwachsenen selbst einmal versäumten.

Mit dieser Handhabe werden Heranwachsende regelmäßig ihr Leben lang überfordert – vielleicht erging es den Eltern früher ähnlich.

Projektion, Präventionsmöglichkeiten

Was für unser Klientenumfeld gilt, nämlich dass es innere Zustände auf uns Professionelle projiziert und entsprechend „reagiert", das trifft auch manchmal auf die Person des Sozialarbeiters zu. Er nimmt nämlich, das muss an dieser Stelle ausdrücklich betont werden, Klienten, die er im Alltag antrifft, nicht unvoreingenommen wahr.

Wenn uns beispielsweise jemand aufgrund seiner Stimme, Frisur, Gesichtsform, Kleidung, Nase, oder wegen seinem Namen, Dialekt usw. an eine relevante Person aus unserer Kindheit oder Pubertät erinnert, mit der wir kommuniziert haben, werden unwillkürlich Gefühle aktiviert, positive oder negative.

Diese Gefühle zeigen sich beispielsweise in Misstrauen, Sympathie, Antipathie usw. Bedenken sollten wir aber immer: Das Gegenüber löst den Projektionsmechanismus nur aus!

Nach SCHULZ VON THUN (2002, Band 1, S. 176) sollten wir entsprechende „unerledigte innerpsychische Konflikte" nicht mit unseren Mitmenschen austragen.

Wir Pädagogen können im Alltag zum „Projektions-Brecher" avancieren. – Wenn wir ausgiebig kommunizieren – in möglichst allen Alltagssituationen –, kann uns das Gegenüber weniger leicht in Schubladen stecken! Keine Frage, das bedarf einiger Initiative. Bedenken wir aber, dass bei jeder neuen Interaktion mit Menschen, die wir zum ersten Mal antreffen, wieder bei „Null" gestartet wird.

Das wesentliche Fazit dieses Abschnitts lautet: Beziehen Sie negative Meinungen vonseiten Ihrer Klienten nicht gleich auf Ihre Person oder Leistungen. *Denn hinter nachteiligen Urteilen stehen nicht selten schlicht und einfach inner-*

psychisch benachteiligte Sender. So sagt auch RINGEL (1955/2004, S.78): „Es ist schon viel, wenn man ihn [den Mechanismus der Projektion] durchschaut und, statt persönlich beleidigt zu sein und dementsprechend zu reagieren, die Suche nach den eigentlichen Aggressionsobjekten aufnimmt."

S

Schema

Bei einem Schema handelt es sich nach der Definition von YOUNG et al. (2008, 36) konkret „um

- ein weitgestecktes, umfassendes Thema oder Muster,
- das aus Erinnerungen, Emotionen, Kognitionen und Körperempfindungen besteht,
- die sich auf den Betreffenden selbst und seine Kontakte zu anderen Menschen beziehen,
- ein Muster, das in der Kindheit oder Adoleszenz entstanden ist,
- im Laufe des weiteren Lebens stärker ausgeprägt wurde und
- stark dysfunktional ist".

Wie man sieht, und darauf wird hier explizit hingewiesen, haben diese Muster mehrere Ebenen, beinhalten Erinnerungen, Emotionen, Kognitionen und Körperempfindungen – und haben außerdem einen starken Bezug zu einem frühkindlichen oder adoleszenten Thema.

YOUNG et al. unterscheiden stark und weniger stark ausgeprägte Schemata. Im Rahmen der Schematherapie heißen sie *bedingt gültige* und *bedingungslos gültige* Schemata.

Bedingungslos gültige Schemata
Letztere Muster üben einen sehr großen Einfluss auf den Betroffenen aus. Sie steuern im Falle einer Aktivierung die psychischen und physischen Vorgänge und schränken somit die Willensfreiheit im hohen Maß ein. Der Grund: Bedingungslos gültige Schemata, etwa (a) *Verlassenheit/Instabilität* oder (b) *Misstrauen/Missbrauch,* sind sehr früh entstanden und nehmen nunmehr wegen ihrem hirnphysiologischen Niederschlag einen zentralen Status im Leben des Betreffenden ein (wie sie sich konkret auswirken, sehen wir im nächsten Kapitel).

Das heißt, im ersten Fall (a) sind Betreffende während der Schema-Aktivierung wirklich davon überzeugt, dass etwa ihr Partner sie trotz zahlloser Liebesbekenntnisse verlassen wird, im zweiten (b) wird die Meinung vertreten: „Jeder will mir schaden!"

Erschwerend kommt hinzu: Klienten sind sich während der Aktivierung nicht über die innerpsychischen Vorgänge im Klaren. Sie haben aus Sicht des Umfelds „ihre fünf Minuten" (so erklären sich die Mitmenschen des Betreffenden manchmal Schema-Aktivierungen von Betreffenden). Gutes Zureden nützt rein gar nichts, selbst scheinbar überzeugende Argumente werden schemaspezifisch aufgefasst.

Es bleibt erfahrungsgemäß nicht nur bei den erwähnten „fünf Minuten". – Das Schema prägt unter Umständen die ganze Lebensphilosophie des Betreffenden, sein Verhältnis zu sich und anderen. Es kann zu folgendem Phänomen kommen: Die Mitmenschen werden dazu animiert, Verhaltensweisen zu zeigen, die den vorauseilenden schemaspezifischen Erwartungen entsprechen. Dieser Mechanismus wird in der Psychoanalyse auch *projektive Identifizierung* genannt.

Bedingt gültige Schemata
Die bedingt gültigen Muster andererseits lassen kognitiven Spielraum zu. Das heißt, der Klient kann sie infrage stellen und sogar mithilfe des Therapeuten ad absurdum führen.

Hierzu zählen zum Beispiel die Schemata (a) *Unterwerfung* und (b) *Emotionale Gehemmtheit.* Klienten können solche Muster verändern, indem sie etwa (a) lernen, ihre Unterwerfungstendenz vor dem Hintergrund ihrer Biografie zu verstehen und sie zukünftig im Alltag zu unterdrücken; auf der anderen Seite (b) kann die Wirkung des hinderlichen Musters *Emotionale Gehemmtheit* durch Rollenspiele und Training der Sozialkompetenzen im Rahmen der Therapie reduziert werden.

Schemata sind, wie oben schon erwähnt, in die neuronalen Netzwerke des Gehirns höchstwahrscheinlich „eingebrannt". Sie haben daher die Tendenz, sich selbst zu erhalten, was außerdem mit den natürlichen Gesetzen des Hirnstoffwechsels zusammenhängen könnte.

Da das Gehirn im Erwachsenenalter circa 20 Prozent des gesamten Sauerstoffbedarfs beansprucht, ist davon auszugehen, dass es aufgrund von ökonomischen Gesetzmäßigkeiten überwiegend die vorhandenen Ressourcen, das heißt die neuronalen Bahnungen nutzt, die bisher erbaut wurden.

Und zu solchen Bahnungen gehören auch die in neuronalen Netzwerken eingebrannten notdürftigen Anpassungen an die frühkindliche Umwelt, sprich die maladaptiven[4] Schemata (siehe ROTH 2003).

Die hier beschriebene Tendenz zur Schemaerhaltung führt dazu, dass Klienten stets wieder dieselben Erfahrungen machen, auch wenn es sich dabei um nachteilige handelt. Dadurch bleibt das leidige Lebensthema/Schema immer aktuell.

Auf der anderen Seite macht dieser Mechanismus die in der Therapie angestrebte Schemaheilung so schwierig. Man gibt ungern das auf, was man seit der Kindheit kennt, auch wenn es nicht „gut" ist.

Die Klienten stehen sich aufgrund ihres Widerstandes sozusagen selbst im Weg, was sie aber gar nicht selbst merken. Sie meinen, sie würden in den sich stets wiederholenden Konfliktsituationen spontan, gerechtfertigt und gemäß ihres freien Willens handeln. Doch die Wahrheit ist eine andere: Betreffende denken, fühlen und handeln letztlich genauso und nicht anders, weil ein bestimmtes Schema unangebrachtes Denken, Fühlen und Handeln provoziert.

Trotz der meistens zerstörerischen Wirkung gehören maladaptive Schemata zum Identitätsgefühl des Betreffenden.

In langjährigen klinischen Beobachtungen von Patienten stellten YOUNG et al. (2008) schließlich 18 Schemata fest; sie wurden ausführlich empirisch untersucht.

ROEDIGER (2009b, 32) hat daher die Definition von YOUNG et al. (2008)

---

[4] Im Rahmen der Schematherapie werden die Auswirkungen, die neuronalen Niederschläge der negativen Beziehungserfahrungen als „frühe maladaptive Schemata" bezeichnet.

etwas modifiziert und folgende Übersicht (inklusive der Auflistung der Schemata) vorgeschlagen:

Nr.	Schema	Domäne	Grundbedürfnis
1.	Emotionale Vernachlässigung		
2.	Verlassenheit/Instabilität	Ablehnung und Abtrennung	Bindung
3.	Misstrauen/Missbrauch		
4.	Soziale Isolation		
5.	Unzulänglichkeit/Scham		
6.	Erfolglosigkeit/Versagen		
7.	Abhängigkeit/Inkompetenz	Beeinträchtigung von Autonomie und Leistung	Kontrolle nach Außen
8.	Verletzbarkeit		
9.	Verstrickung/ Unentwickeltes Selbst		
10.	Anspruchshaltung/Grandiosität	Beeinträchtigung im Umgang mit Begrenzungen	Kontrolle nach Innen
11.	Unzureichende Selbstkontrolle/Selbstdisziplin		
12.	Unterwerfung/ Unterordnung		
13.	Aufopferung	Fremdbezogenheit	Selbstwerterhöhung
14.	Streben nach Zustimmung und Anerkennung		
15.	Emotionale Gehemmtheit		
16.	Überhöhte Standards	Übertriebene Wachsamkeit und Gehemmtheit	Lust-/Unlust-Vermeidung
17.	Negatives hervorheben		
18.	Bestrafungsneigung		

Schemafragebögen

Der folgende Fragebogen soll Ihnen dabei helfen, Hinweise auf eigene Schemata zu erkennen und zu sammeln. Dies fördert die Selbsterkenntnis, andererseits kommt man dadurch vielleicht schon einigen „altbekannten" Beziehungsstörungen auf den Grund, die sich bis dato immer wieder wie „von selbst" ergeben haben.

Man kann davon ausgehen, dass die Mehrheit der Personen, die in sozialen Berufen arbeiten (und auch sonstwo), eines oder mehrere Schemata aufweist.

Vorab sei noch erwähnt, dass der Fragebogen **nicht** dem in der Schematherapie eingesetzten Fragebogen entspricht, sondern auf der Textanalyse der Beschreibungen von YOUNG et al. (2008) basiert, die der Autor vorgenommen hat. Wissenschaftlich wurde er noch nicht untersucht; aber man kann davon ausgehen, dass er sicherlich etwas über Schema-*Tendenzen* aussagt.

Lesen Sie sich die Fragen genau durch, lassen Sie sich auf sie ein, und bewerten Sie die entsprechenden Aussagen auf einer Skala von 1 bis 6 (1= dieser Aussage stimme ich **überhaupt nicht** zu; 6= dieser Aussage stimme ich **voll** zu). Markieren Sie Ihre Einschätzungen.

1. EV	
(1= stimme ich überhaupt nicht zu; 6 = stimme ich voll zu)	
In vielen Momenten, in denen es mir nicht gut ging, habe ich wenig Unterstützung von meinen Bezugspersonen bekommen	1 2 3 4 5 6
Ich war zeit meines Lebens häufig auf mich alleine gestellt	1 2 3 4 5 6
Ich gebe nicht viel von meinem emotionalen Innenleben preis	1 2 3 4 5 6
Ich weiß häufig gar nicht, was ich fühle	1 2 3 4 5 6
Ich weiß meistens nicht, was meine Gesprächspartner fühlen	1 2 3 4 5 6
2. V	
(1= stimme ich überhaupt nicht zu; 6 = stimme ich voll zu)	
Ich bin davon überzeugt, dass man sich in einer Beziehung nicht völlig auf den Anderen verlassen kann	1 2 3 4 5 6
Ich finde: Vertrauen ist gut, Kontrolle ist besser!	1 2 3 4 5 6
Mir fällt es schwer, mich mit mir zu beschäftigen, wenn ich alleine bin	1 2 3 4 5 6
Ich suche ständig Gesellschaft	1 2 3 4 5 6
Auch in Phasen, in denen es mir gut geht, habe ich eher eine pessimistische Weltanschauung	1 2 3 4 5 6
3. MM	
(1= stimme ich überhaupt nicht zu; 6 = stimme ich voll zu)	
Ich teile die Menschen ein in „gut" und „böse"	1 2 3 4 5 6
Ich finde, man kann sich nicht genug vor den Mitmenschen in Acht nehmen	1 2 3 4 5 6
Ich brauche sehr lange, bis ich jemandem vertrauen kann	1 2 3 4 5 6
Manchmal mache ich Zu-Erziehende „so richtig zur Sau"	1 2 3 4 5 6
Ich erlebe oft Konflikte mit anderen	1 2 3 4 5 6

4. SI	
(1= stimme ich überhaupt nicht zu; 6 = stimme ich voll zu)	
Ich bin anders als die Anderen – das war schon immer so	1 2 3 4 5 6
Schon früher war ich „Außenseiter"	1 2 3 4 5 6
Ich fühle mich häufig missverstanden	1 2 3 4 5 6
Meine Mitmenschen haben wenig mit mir gemein	1 2 3 4 5 6
In meiner Rolle als Außenseiter fühle ich mich wohl	1 2 3 4 5 6
5. US	
(1= stimme ich überhaupt nicht zu; 6 = stimme ich voll zu)	
Kritik von meinen Mitmenschen annehmen – geht gar nicht	1 2 3 4 5 6
In meiner Freizeit bevorzuge ich typische Einzelgängertätigkeiten (z.B. Angeln, Fotografieren usw.)	1 2 3 4 5 6
Ich bekommen häufig Rückmeldung, dass mit mir etwas nicht stimmt	1 2 3 4 5 6
Ich werde häufig von meinen Bezugspersonen negativ bewertet	1 2 3 4 5 6
Ich trete in Gesellschaft sehr oft in „Fettnäpfe"	1 2 3 4 5 6
6. EV	
(1= stimme ich überhaupt nicht zu; 6 = stimme ich voll zu)	
Viele Projekte, die ich beginne, scheitern letztlich	1 2 3 4 5 6
Mir will einfach nichts gelingen	1 2 3 4 5 6
Ich verliere schnell die Geduld, wenn eine Sache, die ich angehe, nicht sofort funktioniert	1 2 3 4 5 6
Ich zweifele oft an mir selbst	1 2 3 4 5 6
Ich glaube, ich strahle nicht genug Selbstvertrauen aus	1 2 3 4 5 6
7. AI	
(1= stimme ich überhaupt nicht zu; 6 = stimme ich voll zu)	
Ich glaube, dass meine hauptsächlichen Bezugspersonen in vielerlei Hinsicht kompetenter sind als ich	1 2 3 4 5 6
Ich fühle mich bei Aufgaben, die ich selbst über-	1 2 3 4 5 6

nehmen muss, schnell überfordert	
Mein soziales Umfeld unterstützt mich in jeder Lebenslage	1 2 3 4 5 6
Ich finde, niemand sollte große Ansprüche an mich stellen	1 2 3 4 5 6
Ich kann schlecht im Alltag Entscheidungen treffen	1 2 3 4 5 6

8. V
(1= stimme ich überhaupt nicht zu; 6 = stimme ich voll zu)

Ich finde, dass das Leben voller potenzieller Gefahren steckt	1 2 3 4 5 6
Man muss sich im Alltag vorsehen	1 2 3 4 5 6
Ich bin häufig gestresst, weil ich stets auf so viele Dinge achten muss	1 2 3 4 5 6
Ich verbringe einige Zeit damit, meine Mitmenschen vor den Gefahren des Alltags zu warnen	1 2 3 4 5 6
Ich konsumiere häufig Medien, in denen Krankheiten, Unfälle, Naturkatastrophen usw. thematisiert werden	1 2 3 4 5 6

9. VUS
(1= stimme ich überhaupt nicht zu; 6 = stimme ich voll zu)

Meine hauptsächliche Bezugsperson ist die Nr. 1 in meinem Leben	1 2 3 4 5 6
Wenn ich von meinem Partner getrennt werde, geht es mir nicht gut	1 2 3 4 5 6
Ich höre oft, ich sei zu fordernd, einengend, anspruchsvoll	1 2 3 4 5 6
Dass die Anderen mir in vielerlei Hinsicht hilfreich zur Seite stehen, finde ich normal – das muss so sein	1 2 3 4 5 6
Ich habe keine großartigen Hobbys	1 2 3 4 5 6

10. AG	
(1= stimme ich überhaupt nicht zu; 6 = stimme ich voll zu)	
Ich fühle mich meinen Mitmenschen gegenüber größtenteils überlegen	1 2 3 4 5 6
Ich bin sehr ehrgeizig	1 2 3 4 5 6
Ich hätte in meinem Leben noch viele andere Berufe ergreifen können, denn ich habe viele Fähigkeiten	1 2 3 4 5 6
Ich finde, dass ich im Vergleich zu anderen talentierter, unterhaltsamer, intellektueller usw. bin	1 2 3 4 5 6
Mir geht es gut, wenn meine Leistungen von meinen Mitmenschen wertgeschätzt und anerkannt werden	1 2 3 4 5 6
11. USS	
(1= stimme ich überhaupt nicht zu; 6 = stimme ich voll zu)	
Es fällt mir schwer, täglich anfallende Routinearbeiten auszuführen (etwa im Haushalt oder im Beruf)	1 2 3 4 5 6
Wenn mich andere zu etwas drängen wollen, mache „ich dicht"	1 2 3 4 5 6
Ich fühle mich oft irgendwie „leer"	1 2 3 4 5 6
Mir fällt es schwer, Ordnung und Struktur einzuhalten, im Beruf wie in der Freizeit	1 2 3 4 5 6
Am besten geht es mir, wenn mich alle in Ruhe lassen und mich nicht beanspruchen	1 2 3 4 5 6
12. UU	
(1= stimme ich überhaupt nicht zu; 6 = stimme ich voll zu)	
Ich vermeide bestmöglich Kontakt mit den Autoritätspersonen in meinem Beruf	1 2 3 4 5 6
Ich bemühe mich immer darum, einen guten Eindruck auf meine Vorgesetzten zu machen	1 2 3 4 5 6
Ich denke manchmal darüber nach, ob meine Vorgesetzten auch wirklich eine gute Meinung über meine Person haben	1 2 3 4 5 6

Wenn ich zurechtgewiesen werde, geht mir das tagelang nach	1 2 3 4 5 6
Wenn ich mich mit meinen Vorgesetzten unterhalte, bin ich voll konzentriert und gehe voll und ganz auf ihre Anliegen ein (im Nachhinein ärgert mich das dann oft)	1 2 3 4 5 6

13. A
(1= stimme ich überhaupt nicht zu; 6 = stimme ich voll zu)

Ich denke viel an die Probleme anderer	1 2 3 4 5 6
Ich spüre sofort, wenn es meinem Gesprächspartner nicht gut geht	1 2 3 4 5 6
Ich habe immer ein offenes Ohr für meine Mitmenschen	1 2 3 4 5 6
Ich bin ein „super" Zuhörer und gebe meinem Gesprächspartner das Gefühl, dass er sich verstanden fühlt	1 2 3 4 5 6
Häufig denke ich, ich bin die erste Anlaufstation für die Probleme meiner Mitmenschen	1 2 3 4 5 6

14. SZA
(1= stimme ich überhaupt nicht zu; 6 = stimme ich voll zu)

Mir geht es gut, wenn ich gesellschaftlich integriert bin und nicht anecke	1 2 3 4 5 6
Ich suche häufig die Bestätigung und Zustimmung meines sozialen Umfelds	1 2 3 4 5 6
Mir fällt es sehr leicht, auf die Weltanschauung meiner Mitmenschen einzugehen und „Gleichklang" herzustellen	1 2 3 4 5 6
Bleibt einmal Lob für meine Arbeit aus, geht es mir augenblicklich schlecht	1 2 3 4 5 6
Mir bedeutet es sehr viel, was meine Familie, meine Arbeitskollegen, meine Nachbarn usw. über mich denken	1 2 3 4 5 6

15. EG	
(1= stimme ich überhaupt nicht zu; 6 = stimme ich voll zu)	
Ordnung, Struktur und Sicherheit sind wichtige Dinge in meinem Leben	1 2 3 4 5 6
Ich beschäftige mich häufig mit Statistiken, Tabellen und „Fakten", beruflich wie privat	1 2 3 4 5 6
Manche sagen zu mir, ich sei in Gesellschaft etwas zu „sachlich"	1 2 3 4 5 6
Ich denke erst darüber nach, bevor ich etwas sage	1 2 3 4 5 6
Ich finde, dass Emotionen überschätzt werden	1 2 3 4 5 6
16. ÜS	
(1= stimme ich überhaupt nicht zu; 6 = stimme ich voll zu)	
Meine Mitmenschen sagen mir manchmal, ich sei perfektionistisch und dazu ein „Arbeitstier"	1 2 3 4 5 6
Alle Projekte, die ich bearbeite, müssen gleich gut funktionieren	1 2 3 4 5 6
Gelingt mir mal etwas nicht, falle ich sofort in ein emotionales Loch	1 2 3 4 5 6
Ich habe immer einen großen Vorrat an „unerledigten", aber sehr wichtigen Dingen, die noch anstehen	1 2 3 4 5 6
Im Urlaub fällt es mir schwer, zu entspannen; die „Fünfe gerade sein lassen" – geht gar nicht	1 2 3 4 5 6
17. N	
(1= stimme ich überhaupt nicht zu; 6 = stimme ich voll zu)	
Für mich ist das „Glas immer halb leer"	1 2 3 4 5 6
Ich finde immer „das Haar in der Suppe"	1 2 3 4 5 6
Manche sagen, ich würde ihnen permanent die Stimmung vermiesen	1 2 3 4 5 6
Ich bewerte Alltagsangelegenheiten in der Regel sehr negativ	1 2 3 4 5 6
Ich habe wenig Bekannte, die meine negative Einstellung teilen	1 2 3 4 5 6

18. B	
(1= stimme ich überhaupt nicht zu; 6 = stimme ich voll zu)	
Ich schätze Regeln und Gesetze sehr und halte mich daran	1 2 3 4 5 6
Verfehlungen, die andere begehen, bestrafe ich umgehend	1 2 3 4 5 6
Bei Verfehlungen lasse ich keine Ausreden gelten	1 2 3 4 5 6
Ich verbringe viel Zeit damit, andere zu kontrollieren	1 2 3 4 5 6
Ich präferiere den autoritären Erziehungsstil	1 2 3 4 5 6

Auswertung

Zählen Sie nun die Punkte je Schema zusammen und tragen Sie sie in die Tabelle ein.

Nr.	Schema	Gesamtpunktzahl
1.	Emotionale Vernachlässigung	
2.	Verlassenheit/Instabilität	
3.	Misstrauen/Missbrauch	
4.	Soziale Isolation	
5.	Unzulänglichkeit	
6.	Erfolglosigkeit/Versagen	
7.	Abhängigkeit/Inkompetenz	
8.	Verletzbarkeit	
9.	Verstrickung/ unentwickeltes Selbst	
10.	Anspruchshaltung/Grandiosität	
11.	Unzureichende Selbstkontrolle/Selbstdisziplin	
12.	Unterwerfung/ Unterordnung	
13.	Aufopferung	
14.	Streben nach Zustimmung und Anerkennung	
15.	Emotionale Gehemmtheit	
16.	Überhöhte Standards	
17.	Negatives hervorheben	
18.	Bestrafungsneigung	

An folgender Skala können Sie sich orientieren:

0-10 Punkte	schwach ausgeprägte Tendenz
11-20 Punkte	mittelstark ausgeprägte Tendenz
21-30 Punkte	stark ausgeprägte Tendenz

Was resultiert aus einer stark ausgeprägten Tendenz?
Wie oben schon erwähnt – man kann davon ausgehen, dass die meisten Menschen in unserer Gesellschaft ein oder mehrere Schemata offenbaren. Das Problem ist nicht die Existenz von Schemata, sondern die damit gewöhnlich einhergehende Selbst-Unkenntnis. Dies hat neurobiologische Ursachen.

Schemata entstanden meistens in der frühen Kindheit. Sie werden daher nicht infrage gestellt, und die Betreffenden denken und handeln in bestimmten Situationen immer wieder Schema-getrieben. So kommt es stets zu denselben Konflikten mit sich selbst und anderen.

Sollten Sie nun ein oder mehrere Schemata bei sich selbst entdecken, so haben Sie nunmehr die Chance, konstruktiv mit diesen innerpsychischen Mustern umzugehen.

In Hinsicht auf den pädagogischen Alltag heißt das: Sie müssen Situationen, die bestimmte Schemata auslösen, als solche erkennen. Und dann widerstehen Sie „einfach" Ihrem ersten Denk- beziehungsweise Verhaltensimpuls.

Langsam, aber sicher, können Sie Verhaltensautomatismen aufbrechen. Im Folgenden werden die Auswirkungen der oben genannten Schemata im Alltag beschrieben.

Schemapädagogik, Historie

Das Konzept Schemapädagogik entstand im Sommer 2009 im Rahmen einer Fortbildungsreihe für Berufsschullehrer (Schwerpunkt BF1-Fachpraxis). Die von mir durchgeführte Veranstaltung war Teil der Weiterbildung „Berufsförderpädagogik", die seit Jahren angeboten wird am Institut für schulische Fortbildung und schulpsychologische Beratung Rheinland-Pfalz (IFB).

Die erwähnte Veranstaltung trug den Namen „Umgang mit schwierigen Schülern". Thematisiert wurden entsprechend verschiedene Elemente der schemaorientierten Psychotherapien – mit dem Ziel, „schwierige Schüler" tiefer zu verstehen. Ich merkte schnell, dass sich die Teilnehmerinnen und Teilnehmer für die genannten Themen, die ansonsten in Fort- und Weiterbildungen gar nicht angeboten werden, sehr interessierten.

Infolge der anregenden Diskussionen entwickelte sich die Idee, eine „Schema-Pädagogik" zu konzipieren, deren Grundlagen die schemaorientierten Psychotherapien darstellen sollten. Seitdem hat sich einiges getan. Infolge dieser Idee entstanden zwei Buch-Manuskripte. Das eine erschien Anfang des Jahres 2010 im Ibidem-Verlag unter dem Titel *Praxis der Schemapädagogik: Schemaorientierte Psychotherapien und ihre Potenziale für psychosoziale Arbeit.* Hier wurde der Transfer der Schematherapie und Co. in Arbeitsfelder vollzogen, die der Sozialen Arbeit zugeordnet werden (unter anderem Schulsozialarbeit, Streetwork, Strafvollzug, Sozialpädagogische Familienhilfe).

Das andere Manuskript wurde im Sommer 2010 im VS-Verlag veröffentlicht, es hat den Titel *Schemapädagogik: Möglichkeiten und Methoden der Schematherapie im Praxisfeld Erziehung.* Wie der Titel schon verrät, geht es um schemaorientierte Arbeitsformen in sozial*pädagogischen* Arbeitsfeldern (etwa Krippe, Kindergarten, Hort, Heim, Offene Kinder- und Jugendarbeit usw.).

Andererseits wurden Schemapädagogik-Beiträge in verschiedenen Fachzeitschriften veröffentlicht – „SOZIALEXTRA" (Heft 5/6, 2010), „ZEITSCHRIFT FÜR SOZIALPÄDAGOGIK" (Heft 3, 2010), „FORUM STRAFVOLLZUG", Heft 3, 2010), „UNSERE JUGEND" (Heft 9, 2010), „PÄDAGOGISCHE RUNDSCHAU" (Heft 5, 2010).

Geplant ist zudem eine Buchreihe mit dem Titel *Schemapädagogik kompakt*, die ab 2011 in Produktion gehen soll. An dieser Stelle möchte ich Pädagogen, Psychologen, Sozialarbeiter und Erziehungswissenschaftler, die sich mit den Inhalten und Methoden der Schemapädagogik identifizieren und entsprechend ihren Beitrag leisten möchten, aufrufen, sich bei mir zu melden.

Eine Zusammenarbeit mit interessierten Praktikern ist erwünscht. Die Kontaktdaten finden Sie unter anderem auf Seite 13 in diesem Buch.

Ein weiterer Punkt, den ich letztlich ansprechen möchte: Das Institut für Schemapädagogik befindet sich derzeit (Herbst 2010) im Aufbau. An einer Konzeption einer zertifizierten „Ausbildung zum Schemapädagogen" wird ebenfalls gearbeitet.

Schemapädagogik, Ziele

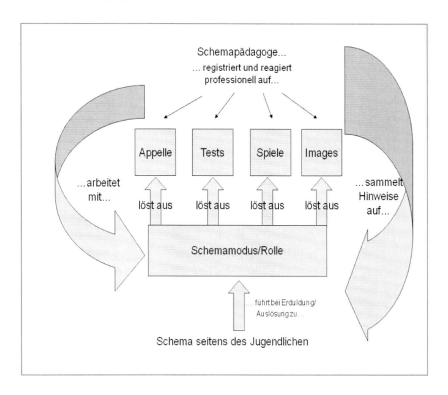

Die Ziele der Schemapädagogik orientieren sich an den von GRAWE formulierten Wirkfaktoren im therapeutischen Setting:

1. *Ausbau von vorhandenen Kompetenzen* (Ressourcenaktivierung). Schemapädagogisches Handeln setzt vorwiegend an den dysfunktionalen Schemata und Schemamodi an. Andererseits dient die Stärkung des Modus *Gesunder Erwachsener* aufseiten des Klienten auch dazu, eigene Potenziale zu erkennen und entsprechend bewusster mit seinen Bedürfnissen im Alltag umzugehen.
2. *Problemaktualisierung.* Dieser Faktor kann teilweise voll berücksichtigt werden. In manchen psychosozialen Arbeitsfeldern, etwa Schulsozialarbeit, Streetwork, Sozialpädagogische Familienhilfe, kommt es in Anwesenheit des Schemapädagogen *automatisch* zu Schema-Auslösungen und aktivierten Schemamodi, da die Wirkungsstätte des professionellen Helfers entsprechend an mindestens einen zentralen Lebensbereich des Klienten angrenzt. In anderen Arbeitsfeldern ist dies nicht der Fall, weshalb dieser Faktor dann unter Umständen vernachlässigt werden muss. Schemapädagogik ja keine Schematherapie!
3. *Problemklärung.* Die an den Konflikten maßgeblich beteiligten Schemamodi und Psychospiele werden mit dem Klienten gemeinsam bewusst gemacht. Er erkennt (in Bezug auf letzteren Aspekt) einerseits seine Manipulationsversuche im Alltag als solche, und besonders die kurz- und langfristigen Kosten, die mit ihnen verbunden sind. Darüber hinaus versteht er, dass seine Psychospiele „schlechte Wege" zum Ziel (Bedürfnisbefriedigung) sind. Ebenfalls wird auch transparent gemacht, dass das Ich des Betreffenden aus vielen Teil-Persönlichkeiten/Schemamodi besteht. Einige dieser Facetten des Selbst verursachen im Umgang mit sich selbst und anderen hohe Kosten, außerdem stehen sie in unmittelbarem Zusammenhang mit Psychospielen. Die gemeinsame Reflexion über die Modi führen zu mehr Einsicht in Modus-abhängiges Verhalten. Der Schemapädagoge gibt entsprechend Einblick in seine eigenen Schemamodi, um weiteren Beziehungskredit aufzubauen.
4. *Aktive Motivation zur Problembewältigung.* Auf drei Arten kann der Schemapädagoge beim Klienten die Motivation zur Problembewältigung erwe-

cken: (1.) Der professionelle Helfer ist während der gesamten Zusammenarbeit für den Klienten eine echte Unterstützung und vor allem ein Vorbild in Hinsicht auf die Regulierung von negativen Emotionen, Affekten und Gefühlen. Das heißt, er personifiziert den Modus *Gesunder Erwachsener*. Dies führt möglicherweise dazu, dass der Klient via Modelllernen nützliche Verhaltensmerkmale verinnerlicht. (2.) Der professionelle Helfer zeigt aber nicht nur Verständnis, er konfrontiert den Klienten auch (empathisch), etwa wenn letzterer nicht engagiert an der Bewältigung von nachteiligen Psychospielen und Schemamodi mitarbeitet. (3.) Letztlich kann der Schemapädagoge auch den Klienten zur Problembearbeitung animieren, indem er wertschätzend Erfolge hervorhebt. Dies trägt ebenfalls zur Auslösung von positiven Affekten aufseiten des Klienten bei – was sehr wichtig ist. Denn bekanntlich reicht eine kognitive Bearbeitung von nachteiligen Psychospielen, Schemamodi und Schemata nicht aus. Rein kognitive Methoden vernachlässigen die affektive Verankerung von nachteiligen Mustern und können daher nichts in Bezug auf dauerhafte Verhaltensänderungen ausrichten.

Schema Emotionale Vernachlässigung

Erfahrungsgemäß offenbaren zahlreiche Jugendliche, die durch Gewalt beziehungsweise Gewaltbereitschaft auffallen, das Schema *Emotionale Vernachlässigung*.

Wie die Bezeichnung schon vermuten lässt, entsteht dieses kognitiv-affektive Erwartungsmuster in früher Kindheit durch ein soziales Umfeld, das sich wenig bis gar nicht um den Betreffenden kümmert. Eventuell geht man nur unzureichend auf die Bedürfnisse des Kindes ein.

Die für die Persönlichkeitsentwicklung sehr wichtige *Emotionsspiegelung* bleibt vor diesem Hintergrund häufig außen vor. (Wenn die Gefühlsäußerungen von Kleinkindern von den Bezugspersonen nicht positiv zurückgespiegelt werden, findet kein oder nur wenig Wachstum der sogenannten Spiegelneuronen statt.

Diese Hirnnervenzellen sind die spätere Grundlage der Empathie und Moral. Durch ihre Aktivität werden ähnliche Gefühle simuliert, die in Mitmenschen ablaufen, positive wie negative. Das Schema *Emotionale Vernachlässigung* ist daher maßgeblich verantwortlich für fehlende Empathie.)

Wer von diesem Muster maßgeblich beeinflusst ist, ist meistens von Menschen umgeben, die nicht auf die emotionalen Bedürfnisse des Betreffenden eingehen. Grund: Man kennt „es" nicht anders, ist an „kalte" Partner gewohnt. Ebenfalls auffällig ist, dass man nur wenig Zugang zu den eigenen Emotionen hat.

Dies führt dazu, dass der betreffende Jugendliche so gut wie keine emotionalen Ausbrüche zeigt, er erscheint dem Sozialarbeiter gegenüber als „stilles Wasser". Auch hapert es an gefühlsspezifischem *Fremd*verständnis.

Hier muss der Schemapädagoge ansetzen, behutsam eine Beziehung aufbauen, aufmerksam und bedächtig etwaige Gefühlregungen des Jugendlichen positiv zurückspiegeln. Dies entspricht den Kriterien der sogenannten „Nachbeelterung" (siehe auch nächstes Kapitel).

Mit diesem Schema hängen meistens verschiedene Verhaltensauffälligkeiten zusammen. Diese sind in folgender Tabelle zusammengefasst. (Auf die Darstellung der unterschiedlichen Schemabewältigungsmechanismen wird im vorliegenden Rahmen verzichtet (siehe hierzu DAMM 2010a; 2010b); es wird davon ausgegangen, dass gewaltbereite Jugendliche ihre relevanten Schemata im Allgemeinen *erdulden*.)

In Hinsicht auf die drei Bewältigungsmechanismen – Erduldung, Vermeidung, Kompensation – gestaltet sich die Sachlage folgendermaßen:

1. **Erduldung**: Eine eher mangelhafte Selbstfürsorge charakterisiert den Lebensstil. Wie oben schon erwähnt, werden „passende" Partner bevorzugt, mit denen leicht das Dilemma von früher re-inszeniert werden kann. Jene scheren sich nicht viel um den Betreffenden. Das heißt, sie gehen nicht ausreichend auf seine Anliegen ein. Durch die vorauseilende hohe Erwartungshaltung beziehungsweise (das andere Extrem) durch die Vermittlung des Eindrucks, stets wäre alles in Ordnung, halten sie den Anderen auch unbewusst davon ab, emotionale Zuwendung zu geben.
2. **Vermeidung**: Wer dieses Schema vermeidet, der meidet gewöhnlich auch sozialen Kontakt. Man konzentriert sich auf die „böse Welt" und will sich vor ihr schützen. Unfreiwillig kommuniziert man seine Gesinnung auch

nach außen – und wird gewöhnlich „in Ruhe gelassen".
3. **Kompensation**: Bei der dritten Bewältigungsmöglichkeit ergibt sich ein anderes Bild. Infolge der Kompensation kommt es meistens zu einer extrem altruistischen Haltung und man engagiert sich übermäßig für die Mitmenschen. Ein anderes Phänomen, das häufig auftritt: der Betreffende meldet mit Nachdruck plötzlich seine Bedürfnisse an. Der Andere soll konkret und aufopferungsvoll auf sie eingehen. Dabei werden gleichzeitig sehr hohe Ansprüche gestellt.

Schema, Schemamodi und die damit verbundenen Manipulationen

Sozialarbeiter mit diesem Schema...	Jugendliche mit diesem Schema...
... sind oft der Meinung, sie würden kein positives Feedback von den Heranwachsenden bekommen	... lassen sich aus Angst vor Enttäuschung nur sehr selten emotional auf den Sozialarbeiter ein
... tun sich schwer damit, die Klienten auf der Beziehungsebene zu erreichen	... sind Einzelgänger
	... lassen sich emotional selten „positiv anstecken"

Relevante Schemamodi von Jugendlichen: *Verletzbares Kind, Angepasster Unterwerfer, Distanzierter Beschützer, Aggressiver Beschützer, Innere Bestrafer (nach innen wirkend)*

Formen der externalen Kausalattribuierung
„Ich gerate immer an gefühlskalte Beziehungspartner"

Tests: Aus Klientensicht: „Den Sozialarbeiter häufig mit Anfragen bedrängen – und damit überfordern wollen"; aus Sozialarbeitersicht: „Den Jugendlichen (zu) viele Beziehungsangebote machen – und darauf hoffen, dass sie angenommen werden"

Beteiligte Appelle: „Kümmere dich um mich (uns)", „Geh auf meine (unsere) Bedürfnisse ein"

Images: „Ich bin wertlos", „Ich bin alleine"

> **Relevante Psychospiele:** „Pessimismus" (alles „schwarz" sehen wollen), „Anecken" (unvorteilhaft in der Gruppe auftreten und sich dann über das negative Feedback beschweren)

Schema Verlassenheit/Instabilität

Eine ständige Furcht davor, von seinen aktuellen Bezugspersonen verlassen zu werden, spielt bei diesem Schema eine große Rolle. Meistens entstand das Muster in der Kindheit, oft bedingt durch ein traumatisches Erlebnis (Tod oder schwere Krankheit eines Elternteils).

Andere, ebenso potenziell relevante Ursachen sind: Scheidung der Eltern (inklusive etwa einer Neuvermählung), emotional abweisende Bezugspersonen, die sich lieber langfristig anderen Personen zuwandten und damit dem Heranwachsenden kommunizierten: „Andere sind interessanter als du!" (ROEDIGER 2009a, 54)

Die Auswirkungen dieses Schemas betreffen vor allem den späteren Beziehungsstil. Betreffende haben entsprechend eine selektive Wahrnehmung und sind felsenfest davon überzeugt: Zwischenmenschliche Beziehungen sind nicht verlässlich, werden ständig von Konflikten heimgesucht und sind deshalb eben *dauerhaft instabil*.

Naturgemäß bleibt es nicht nur bei dieser Annahme. Das heißt, Personen mit diesem Schema „bringen" den Anderen durch verschiedene Aktionen, etwa durch zu starkes Anklammern, dazu, entsprechend „unzuverlässig" zu reagieren. Aber das wird nicht gesehen (wie auch bei allen anderen Schemata der Fall).

Die Bewältigungsformen, die bei dieser „Lebensfalle" zutage treten, sehen meistens aus wie folgt:

1. **Erduldung**: Personen mit diesem Schema gehen zwar Beziehungen mit anderen ein; doch stehen diese in der Regel unter einem schlechten Stern. Angst (vor dem Verlassenwerden) und Eifersucht bestimmen die engsten Beziehungen in zahlreichen Facetten. Auf der anderen Seite sucht und findet man immer wieder Menschen, die tatsächlich schnell wieder das Weite suchen. Sehr zum Missfallen des Anderen.

2. **Vermeidung**: Soziale Isolation stellt eine andere Möglichkeit dar, mit diesem Schema umzugehen. Nur wenigen Mitmenschen gegenüber öffnet man sich. Vorzugsweise werden auch entsprechende Hobbys ausgewählt, die man alleine praktizieren kann.
3. **Kompensation**: Zwei entgegengesetzte Extreme offenbaren Personen, die dieses Muster kompensieren: (a) Sie erwarten sehr viel Entgegenkommen von ihren Beziehungspartnern und kontrollieren sie gleichzeitig; (b) die Betreffenden gehen Bindungen ein, die sie spontan abbrechen, „um den Anderen zuvorzukommen". Gegen beide Kompensationsstrebungen können die Anderen nur wenig ausrichten, da es den Betreffenden vor allem an Einsicht in die eigene Motivation fehlt.

Schema, Schemamodi und die damit verbundenen Manipulationen

Sozialarbeiter mit diesem Schema...	Jugendliche mit diesem Schema...
... lassen Klienten nur selten emotional an sich „heran"	... offenbaren eine Einzelgängermentalität
... sind oft depressiv und bringen ihre Stimmung mit ein in den Alltag	... lassen sich von ihrer negativen Gemütsverfassung die Leistungsfähigkeit einschränken

Relevante Schemamodi: *Verletzbares Kind, Angepasster Unterwerfer, Distanzierter Beschützer, Innere Bestrafer (nach innen wirkend)*

Beteiligte Tests: Aus Klientensicht: „Dem Sozialarbeiter unterstellen, er würde sich nicht um einen kümmern"; aus Sozialarbeitersicht: „Den Schülern sagen, dass sie undankbar seien"

Images: „Ich werde immer wieder verlassen", „Ich bin nicht liebenswürdig"

Beteiligte Appelle: „Sei solidarisch", „Kümmere dich um mich"

Relevante Psychospiele: „Allein, allein" (durch zu hohe Anforderungen Beziehungspartner abschrecken und sich darüber empören), „Komm her, geh weg" (sich mit anderen intensiv anfreunden und sie dann plötzlich vor den Kopf stoßen)

Schema Misstrauen/Missbrauch

Die möglichen Auswirkungen von traumatischen (sexuellen, körperlichen, emotionalen) Erfahrungen mit dem sozialen Umfeld in der Kindheit und Jugend lassen sich besonders gut an diesem Schema demonstrieren.

Betreffende leiden gewöhnlich ein Leben lang unter den Folgen. Sehr schwerwiegend: Sie erwarten vorauseilend geradezu dieselben unmoralischen Verhaltensweisen von aktuellen Beziehungspartnern.

Selbst gegenüber Personen, die man gar nicht oder nur oberflächlich kennt, gibt man sich sehr misstrauisch. Man geht naturgemäß nicht davon aus, dass andere auch einmal das Wohl des Betreffenden im Sinn haben.

Das heißt, den Mitmenschen werden überwiegend negative Absichten unterstellt – diese Tendenz wird auch als *paranoider Persönlichkeitszug* bezeichnet (DAMM 2009).

Lässt man einen Menschen nahe an sich heran, bleiben sehr negative Erwartungen nicht außen vor. Die Beziehung wird oft auf eine harte Belastungsprobe gestellt. Es kommt häufig zu Konflikten, die nur durch dieses Schema hervorgerufen werden.

Betreffende sehen eins vor allem nicht: Das zugrundeliegende Schema *Misstrauen/Missbrauch* entstand „nur" in Auseinandersetzung mit wenigen Personen in der Vergangenheit.

Sie wurden wahrscheinlich oft von den Bezugspersonen enttäuscht, betrogen, belogen – und eben in vielerlei Hinsicht missbraucht.

Wie wird das Schema bewältigt?
1. Erduldung: Betreffende suchen und finden Partner, die sie körperlich, emotional und/oder sexuell missbrauchen. Entsprechend „aggressiv" und „böse" werden auch andere Personen aus dem beruflichen, schulischen beziehungsweise sonstigen privaten Kontext wahrgenommen. Vor Freunden und Bekannten werden in „schwachen Momenten" die eigenen Probleme dargelegt. Doch der Wille, die Dinge zu ändern, ist erstaunlicherweise verschwindend gering. Ferner sieht man den Eigenanteil an dem Dilemma nicht.
2. Vermeidung: Der Betreffende geht keinerlei enge Beziehungen ein. Man

verschließt sich lieber anderen gegenüber, behält seine Gedanken und Gefühle für sich. Denn die Gesprächspartner, so die Annahme, könnten dies ausnutzen und dem Betreffenden dann Schaden zufügen.

3. Kompensation: Klienten, die dieses Schema aktiv bearbeiten, behandeln ihre Mitmenschen vorauseilend und gewissermaßen präventiv so unliebsam, wie sie selbst behandelt wurden. Ständig „findet" man Hinweise auf den Missbrauch des eigenen Vertrauens. (Unbewusst werden die Anderen auch ausgiebig getestet, ob sie das Vertrauen überhaupt verdienen – YOUNG et al. 2008, 265.) Man gibt sich nach außen hin latent aggressiv und verhindert auf diese Weise, dass andere einen verletzen. Eine solche vorauseilende Gewaltbereitschaft sorgt aus dieser Perspektive für Selbstschutz einerseits und Schemabekämpfung andererseits. Aus dem Opfer wird entsprechend ein Täter. Dies wirkt zwar für den Betreffenden entlastend, aber für die Mitmenschen belastend. Eine andere Kompensations-Möglichkeit: Man verhält sich übertrieben anbiedernd, kumpelhaft und vertrauensselig.

Schema, Schemamodi und die damit verbundenen Manipulationen

Sozialarbeiter mit diesem Schema…	Jugendliche mit diesem Schema…
… vermuten *immer*, dass einzelne Heranwachsende schlecht über sie reden (und teilen dies auch *immer* ihren Kolleginnen und Kollegen mit)	… sind schnell emotional auf 180, wenn die Erwartungen, die an die Anderen oder an den Sozialarbeiter gestellt werden, nicht *sofort* erfüllt werden
… machen „professionell-sadistisch" bestimmte Heranwachsende „in Reichweite" fertig	… sind professionelle Mobber
	… erleben regelmäßig emotionale Zusammenbrüche

Relevante Schemamodi: *Verletzbares Kind, Impulsiv-undiszipliniertes Kind, Distanzierter Beschützer, Innere Bestrafer (nach innen und außen wirkend)*
Formen der externalen Kausalattribuierung: „Die Anderen provozieren mich", „Ich bin eigentlich ein friedlicher Mensch – und manchmal muss ich mich wehren"

Tests: Aus Klientensicht: „Den Sozialarbeiter stressen – mit dem Ziel, dass er irgendwann aus der Haut fährt"; aus Pädagogensicht: „Teenager mit autoritärem Auftreten zu *erwünschten* Reaktionen animieren"

Images: „Mit mir ist nicht gut Kirschen essen", „Ich bin gefährlich"

Beteiligte Appelle: „Steh immer zu mir", „Komme sofort meinen Bedürfnissen nach"

Relevante Psychospiele: „Provokation" (andere so lange provozieren, bis sie „endlich" aggressiv werden), „Heul doch!" (in zahllosen Variationen physische und psychische Gewalt ausüben)

Schema Soziale Isolation

Das Schema *Soziale Isolation* wird oft bei Klienten mit Außenseiterqualitäten diagnostiziert. Sie sind völlig davon überzeugt, schon immer irgendwie „anders" gewesen zu sein. Jugendliche zum Beispiel, die dieses Schema offenbaren, fühlen sich von ihrer Peergroup völlig ausgeschlossen.

Sie unterhalten wenig Kontakte zu Gleichaltrigen. Sie meinen, dass keine soziale Gruppe die eigenen Wertvorstellungen widerspiegelt. Entsprechend bleiben Betreffende vorwiegend alleine beziehungsweise praktizieren vor allem typische Einzelgängertätigkeiten.

Wenn man die Ursachen dieses Schemas in Augenschein nimmt, so kann man von zahlreichen Ausgrenzungserfahrungen in der Kindheit und (vorwiegend) Jugend ausgehen (ROEDIGER 2009b, 38). Unter anderem bei sozialen und ethnischen Minderheiten kommt dieses Schema vermehrt vor, aber auch bei hochbegabten und sonstwie außergewöhnlichen Menschen.

Wie wird das Schema bewältigt?
1. Erduldung: Dem Betreffenden fallen nur Unterschiede zu den Mitmenschen auf, keinerlei Gemeinsamkeiten. Er klagt ausschließlich über den unliebsamen Zustand, bemüht sich aber auf der anderen Seite kein bisschen um Integration.
2. Vermeidung: Außerhalb des familiären Schonraums werden keine Beziehungen unterhalten. Das heißt, soziale Kontakte und Gruppen werden abgelehnt. Das Fremde ängstigt.
3. Kompensation: Betreffende bemühen sich auffallend häufig um Integration, sie fallen etwa durch starkes Leistungsverhalten auf, auch durch übermäßiges Unterordnen unter Gruppennormen.

Schema, Schemamodi und die damit verbundenen Manipulationen

Sozialarbeiter mit diesem Schema…	Jugendliche mit diesem Schema…
… wirken auf die Heranwachsenden wie „Außerirdische"	… sind *die* Außenseiter der Klasse
… kommunizieren ausschließlich auf der Sachebene	… lassen sich nie zu Gruppenaktivitäten animieren und arbeiten nicht im Alltag mit

Relevante Schemamodi: *Distanzierter Beschützer, Innere Bestrafer (nach innen wirkend)*

Beteiligte Tests: Aus Klientensicht: „Nicht dem Unterricht folgen"; aus Sozialarbeitersicht: „Nicht auf die Interessen der Schüler eingehen"

Images: „Ich gehöre nirgendwo hin", „Ich bin anders als die Anderen"

Beteiligte Appelle: „Lass mich in Ruhe", „Bitte keine Gruppenarbeit"

Relevantes Psychospiel: „Abgrenzung" („fremd" auf andere wirken und sich daran laben)

Schema Unzulänglichkeit/Scham

Jugendliche, die dieses Schema ausgeprägt haben, verkaufen sich offensichtlich und häufig weit unter Wert. Selbst bei den ganz einfachen Aufgaben versagen sie, und der Pädagoge kann das innerlich nun gar nicht nachvollziehen.

Die Geduld des professionellen Helfers wird gewöhnlich aber auch dadurch strapaziert, weil Jugendliche mit diesem Muster „passende", sehr einseitige Gesprächsthemen präferieren und ihren Stempel aufdrücken. Stets heißt es: „Ich bin hässlich", „Ich bin dumm", „Ich bin ein echter Verlierer" – die Variationen der negativen Selbsteinschätzungen sind Legion.

Selbst Erfolge im zwischenmenschlichen oder beruflichen Bereich werden im Nachhinein negativ bewertet (etwa: „Ach, das war nur Glück!"). Das kann den Pädagogen regelrecht verblüffen beziehungsweise irgendwann nerven. Entsprechend wird sogar positive Kritik abgewehrt (meistens an der Gestik erkennbar, Stichwort: wegwerfende Handbewegung).

Man darf in diesem Fall in der Rolle des professionellen Helfers nicht seinen negativen Emotionen verfallen. Es muss klar sein: Der Betreffende hat sich seine selbstzerstörerische Wahrnehmung, lapidar gesagt, „nicht ausgesucht".

Mit an Sicherheit grenzender Wahrscheinlichkeit geht das Ganze auf das Konto einer jahrelang praktizierten Herabsetzung seitens des sozialen Umfelds in den ersten Lebensjahren.

Es braucht schon pädagogisch-psychologische Kompetenzen mit konfrontativem „Touch" – und keine „Kuschelpädagogik" –, um den Betreffenden ihr Schema bewusst zu machen. Mit Akzeptanz, Toleranz und Kongruenz ist nach unserem Dafürhalten im Falle dieses Schemas „nichts zu holen".

Im Folgenden einige Worte zu den Bewältigungsmechanismen:

1. **Erduldung**: Der Betreffende fühlt sich minderwertig, schlecht, unerwünscht. Diese Erwartungshaltungen werden auch unbewusst den Mitmenschen kommuniziert und durch bestimmte Strategien „realisiert" (den Clown spielen, peinlich sein, einen ungeschickten gesellschaftlichen Umgang pflegen, siehe auch YOUNG et al. 2008, 45). Das Umfeld wird entsprechend selektiert. Das heißt, man freundet sich mit Menschen an, die die Rolle der ehemaligen „Aggressors" spielen sollen. Dieser Mechanismus

kann sich auch in einer unvorteilhaften Berufs- und Partnerwahl offenbaren. Eigene Potenziale werden nicht erkannt, man bleibt weit unter seinen Möglichkeiten, steht sich gewissermaßen selbst im Weg.
2. **Vermeidung**: Man passt sich übermäßig, ja chamäleonartig den Meinungen der Mitmenschen an. Dabei werden die eigenen Gedanken nicht verbalisiert, aus Angst, die Anderen könnten einen daraufhin ablehnen. In Gesprächen fällt auf, dass sie das Gegenüber lieber reden lassen. Parallel hierzu kann auch das Bestreben bestehen, den „sozialen Rückzug" anzutreten.
3. **Kompensation**: Nunmehr verfällt man ins andere Extrem. Jetzt werden aktiv die Mitmenschen runtergemacht, gedemütigt (Stichwort: Lästern!). Stets „findet" man etwas, an dem man herummäkeln kann. Auch das Selbstbild ändert sich: man fühlt sich in vielerlei Hinsicht kompetent und „fähig". Manchmal wird auch ein extremer Perfektionismus vertreten.

Schema, Schemamodi und die damit verbundenen Manipulationen

Sozialarbeiter mit diesem Schema…	Jugendliche mit diesem Schema…
… zweifeln oft an sich selbst („Mache ich alles richtig?")	… machen vorauseilend den Eindruck, sehr „brav" und „unschuldig" zu sein
… kommen nicht sehr selbstbewusst „rüber"	… ziehen Mobbing wie magisch an
	… „versagen" regelmäßig bei Aufgaben aller Art

Relevante Schemamodi: *Verletzbares Kind, Ärgerliches (bzw. Wütendes) Kind, Distanzierter Beschützer, Angepasster Unterwerfer, Innere Bestrafer (nach innen und außen wirkend)*

Beteiligte Tests: Aus Klientensicht: „Ich passe mich allen an – damit sie mich in Ruhe lassen"; aus Sozialarbeitersicht: „Ich vermittle Gutartigkeit, um mir Freunde zu machen"

Images: „Ich bin brav und will keinen Stress", „Ich bin nicht okay"

Beteiligte Appelle: „Hilf mir", „Überfordere mich nicht"

> **Relevante Psychospiele:** „Depp" (peinlich auffallen und sich darüber beschweren, dass die Anderen lachen), „Interview" (in Unterhaltungen vorwiegend Fragen stellen, damit der Andere keine stellt)

Schema Erfolglosigkeit/Versagen

Wer von dem Schema *Erfolglosigkeit/Versagen* beeinflusst wird, offenbart eine typische „Versager-Mentalität". Genauer gesagt, er macht den Anschein, bei jeder sich bietenden Gelegenheit zwanghaft in einen „Fettnapf" treten zu müssen. Prüfungen werden entsprechend jedes Mal aufgrund „dummer Zufälle" versiebt, wichtige Termine werden verpasst, und etwa in Vorstellungsgesprächen passiert aus heiterem Himmel „was total Peinliches".

In der Summe ergeben die typischen „blöden Zufälle", dass der Betreffende fortwährend weit unter seinen Möglichkeiten bleibt. Auch ein überdurchschnittliches Bildungsniveau schützt vor diesem Schema nicht. Als Sozialarbeiter kann man das Ganze schlecht nachvollziehen: Man bemüht sich um den Jugendlichen, verschafft ihm unzählige Möglichkeiten, betreibt Netzwerkarbeit usw. Was bleibt, das ist der permanente Misserfolg.

Der Betreffende scheint jegliche Auswege aus seinem „insgeheimen Lebensplan" mehr oder weniger selbst zu sabotieren. Das heißt, positive Phasen werden umgehend durch Selbstsabotage wieder ins Negative gekehrt.

Dies wird gewöhnlich nicht vom Jugendlichen gesehen. Der Pädagoge ahnt in der Regel schon, dass etwas nicht stimmt. Aber die Psychodynamik des ganzen Dilemmas wird nur in den wenigsten Fällen durchschaut.

Man kann annehmen: Das Schema *Erfolglosigkeit/Versagen* wird meistens durch Konditionierungsprozesse seitens der Bezugspersonen „erlernt". Oft musste der Betreffende hören, dass er alleine „nichts auf die Reihe bekommt", „noch zu klein ist" usw.

Was lässt sich zu den Bewältigungsmechanismen sagen?

1. **Erduldung**: Mit „niedriger Drehzahl" bewältigt der Betreffende den Alltag. Unliebsame Situationen, beruflich und privat, werden als völlig normal

angesehen. Das Thema Versagen taucht oft in den genannten Lebensbereichen auf. Man meint aufgrund von Wahrnehmungsverzerrungen, die Mitmenschen seien viel talentierter, leistungsfähiger als man selbst. Eine gewisse „Selbstsabotage" in Ausbildung, Schule und Beruf ist häufig auffällig („aus Versehen" regelmäßig zu spät erscheinen, „aus Zufall" wichtige Unterlagen vergessen usw.).

2. **Vermeidung**: Infolge dieses Mechanismus werden Risiken im Allgemeinen völlig gemieden. Außerdem besteht die starke Tendenz zum sozialen Rückzug. Anfallende Arbeiten in Beruf und Freizeit, die erledigt werden müssen, schiebt man auf die lange Bank. Auf die Mitmenschen macht man einen stark introvertierten Eindruck.

3. **Kompensation**: Wer dieses Muster kompensiert, entwickelt plötzlich ungeahnte Kräfte, neigt entsprechend zum Perfektionismus. Von jetzt auf gleich werden anspruchsvolle Projekte begonnen. Meistens werden sie dann alle gleichzeitig bearbeitet. Um das eigene „Loser-Gefühl" zu kompensieren, werden unter Umständen auch die Leistungen der Mitmenschen kritisiert, genauer gesagt, infrage gestellt.

Schema, Schemamodi und die damit verbundenen Manipulationen

Sozialarbeiter mit diesem Schema...	Jugendliche mit diesem Schema...
... werden ihrer Berufsrolle nur selten gerecht, weil sie nicht überzeugend auftreten	... können ihre Fähigkeiten nicht zeigen
	... fallen in der Gruppe nicht groß auf
... vergleichen sich ständig mit Kolleginnen und Kollegen	... treten öfter „unvorteilhaft" auf

Relevante Schemamodi: *Verletzbares Kind, Manipulierer, Trickser, Lügner, Distanzierter Beschützer, Angepasster Unterwerfer, Innere Bestrafer (nach innen wirkend)*

Formen der externalen Kausalattribuierung: „Die Anderen überfordern mich", „Die Aufgabe ist zu schwer!"

Tests: Aus Klientensicht: „Nichts im Unterricht sagen – damit der Pädagoge einen in Ruhe lässt"; aus Sozialarbeitersicht: „Friedhöflichkeit vermitteln – damit die Jugendlichen einen in Ruhe lassen"

Images: „Ich kann nix", „An mich darf man keine Ansprüche stellen"

Beteiligte Appelle: „Überfordere mich nicht", „Bestrafe mich nicht"

Relevante Psychospiele: „Umstände" (die eigenen Leistungen „wegen vieler blöder Zufälle" nicht abrufen können), „Vergessen" (Hausaufgaben oft vergessen, Arbeitsaufträge nicht fristgemäß erledigen – und die eigene „Versagermentalität" dafür verantwortlich machen)

Schema Abhängigkeit/Dependenz

Mit diesem Schema geht ein fundamentales Gefühl der Hilflosigkeit einher. Prinzipiell neigt der Betreffende (selbst bei Kleinigkeiten) zu etwa folgenden Kognitionen: „Ich kann das nicht" – „Das soll ein Anderer machen!" Mit allerhand Kunstkniffen wird dies in der Regel auch erreicht (siehe Kasten unten).

Steht aber hin und wieder dann doch eine Aufgabe an, die man selbst bewältigen muss, so wird sogleich das soziale Umfeld um Hilfe gebeten.

Es verwundert nicht, dass Freunde und Bekannte von Personen mit diesem Muster häufig eine massive „Helfermentalität" besitzen. Diese Voraussetzung führt meistens zum erwünschten Effekt.

Dieses Schema basiert in der Regel auf charakteristischen frühkindlichen Konditionierungsprozessen, die meistens von „vorauseilend hilfsbereiten" Bezugspersonen inszeniert wurden. Vielleicht intervenierten die Erzieher sogar automatisch, sobald sich das Kind auch nur einen Moment mit sich selbst beschäftigte oder verschiedene neue Dinge ausprobierte. Sogleich „entlastete" man den Heranwachsenden.

Eine andere entsprechende Konstellation, die zur Ausprägung dieses Schemas beitragen kann: Die Bezugspersonen „erstickten" die naturgegebene Neugier, indem sie vorauseilend etwaige „Kinderfehler" berichtigten, und zwar gemäß dem Motto „Lass mich das machen, du kannst das noch nicht".

Solche (unbewussten) Erziehungsfehler tragen, wie YOUNG et al. (2008) vermuten, maßgeblich dazu bei, dass diese Lebensfalle bei Kindern entsteht. Der

Heranwachsende kann unter diesen Voraussetzungen kein Gefühl für die eigenen Fähigkeiten entwickeln.

Ein entsprechend vorauseilend passives Wesen zeigt sich schon in Institutionen der kindlichen und frühkindlichen Bildung und Erziehung (DAMM 2010b).

Trägt man alldem Rechnung, dann wird schnell klar: Personen mit diesem Schema denken und fühlen im Erwachsenenalter wie „kleine hilflose Kinder". Schnell erleben sie Stress, wenn sie selbstverantwortlich agieren müssen; und noch schneller verlieren sie die Geduld, sobald ihnen etwas misslingt.

Viele empfinden auch eine tief verankerte Angst, etwas falsch zu machen – ebenfalls ein „Produkt" der oben beschriebenen fehlgeschlagenen Erziehung.

Wie gehen die Betreffenden mit diesem Schema um?

1. **Erduldung**: Wer sich diesem Muster fügt, der trifft im Alltag ungern selbst Entscheidungen. Die Anderen sollen dies für einen tun. Man wirkt auf die Mitmenschen regelrecht hilflos. Vor allem werden diejenigen Aufgaben, von denen man nicht weiß, ob man sie lösen kann, in manipulativer Weise an die Anderen abgetreten. Man hat es ja nicht anders gelernt.
2. **Vermeidung**: Der Betreffende ordnet sich nunmehr in bestehende Hierarchien ein, ohne sie jemals infrage zu stellen. Dies zeigt sich meistens sowohl in der Partnerschaft als auch im Beruf. Anders gesagt: man begehrt nie gegen „die Obrigkeit" auf. Auf der anderen Seite schiebt man Entscheidungen, die man treffen muss, lange auf.
3. **Kompensation**: Wird dieses Schema kompensiert, offenbart man aus heiterem Himmel eine Art Pseudoautonomie. Das heißt, man bemüht sich extrem darum, das Leben selbst in die Hand zu nehmen („Ich mach mein Ding jetzt selbst!"), bleibt aber gewissermaßen doch in seiner Rolle gefangen. Das Umfeld durchschaut solche „Ausbruchsversuche" gewöhnlich.

Schema, Schemamodi und die damit verbundenen Manipulationen

Sozialarbeiter mit diesem Schema...	Jugendliche mit diesem Schema...
... entwerfen Arbeitseinheiten, die die Heranwachsenden zu wenig beanspruchen; man will sie ja nicht „überfordern"	... fühlen sich ganz schnell überlastet
	... fordern vehement die Hilfe des Sozialarbeiters ein, bei jeder sich bietenden Gelegenheit
... geben wenig von sich preis	

Relevante Schemamodi: *Verletzbares Kind, Ärgerliches (bzw. Wütendes) Kind, Manipulierer, Trickser, Lügner, Distanzierter Selbstberuhiger, Innere Bestrafer (nach innen wirkend), Angepasster Unterwerfer*

Formen der externalen Kausalattribuierung: „Die Anderen können das besser als ich", „Ohne die Hilfe der Anderen schaffe ich nichts"

Tests: Aus Klientensicht: „Ich offenbare mich als hilflos, um die Fachkraft in die Helferrolle zu drängen"; aus Sozialarbeitersicht: „Ich erscheine harmlos, damit mich die Heranwachsenden nicht überfordern"

Images: „Alleine bin ich nicht fähig, etwas zu leisten", „Ich mache schnell alles falsch"

Beteiligte Appelle: „Hilf mir", „Überfordere mich nicht"

Relevante Psychospiele: „Blöd" (sich so lange doof anstellen", bis ein Anderer die Sache in die Hand nimmt), „Hilferuf" (manipulativ die Mitmenschen um Unterstützung bitten)

Schema Verletzbarkeit

Liegt das Schema *Verletzbarkeit* vor, neigt der Betreffende dazu, die Umwelt als viel zu gefährlich wahrzunehmen. Man nimmt darüber hinaus meistens an, dass „bald etwas Schlimmes passiert".

Die Aufmerksamkeit kreist stets um etwaige Gefahrensignale. In dieser Hinsicht liegen Parallelen zur sogenannten generalisierten Angststörung vor, die sich vor allem als „ständiges Sorgen-Machen" offenbart.

Zugegeben: Sicherlich ergeben sich immer mal wieder einige Gefahren im Alltag. Diese werden aber, wie schon erwähnt, von Personen mit diesem Schema stark überbewertet. Dies führt auch zu einer gewissen „Übervorsichtigkeit"; soziale Rückzugstendenzen sind entsprechend auch nicht selten zu beobachten.

Darüber hinaus werden, und das passt zum Schema, vor allem Medieninhalte konsumiert, die Unfälle, Krankheiten, Katastrophen usw. implizieren.

Auf die Mitmenschen wirkt man entsprechend vorsichtig, unselbstständig, ja furchtsam. Vor allem belastet wird das soziale Umfeld durch die typischen Gesprächsinhalte, die den eben erwähnten Medieninhalten 1:1 entsprechen. Der Betreffende kreist ständig um dieselben Themen und lässt sich nicht auf Gegenargumente ein.

Wie sieht es in Hinsicht auf die Ursachen dieser Lebensfalle aus? – Man kann davon ausgehen, dass dieses Muster, wie das vorherige auch, aufgrund von Konditionierungsprozessen entsteht. Aber auch durch das Prinzip „Lernen am Modell" ist meistens relevant (DAMM 2010b).

Nach den Erfahrungen von YOUNG et al. (2008) tragen vor allem überbeschützende, ängstliche, aber auch kontrollierende Eltern zur Ausprägung dieses Schemas bei.

Der Heranwachsende wird ständig mit dem Thema „Die Gefährlichkeit des Lebens" in zahllosen Variationen konfrontiert. Oft verinnerlichen die Betreffenden die Persönlichkeitsfacetten ihrer Vorbilder. Entsprechend kann auch eine sehr furchtsame Bezugsperson dieses Muster begünstigen.

Im Folgenden einige Ausführungen zu den Bewältigungsmechanismen:

1. **Erduldung**: Die meiste Zeit des Tages machen sich die Betreffenden zu viele Sorgen. Sie haben die Erwartung, dass es nicht mehr lange dauert, bis

etwas sehr Schlimmes passiert. Daher werden „bestmögliche" Vorkehrungen getroffen. Man wirkt auf die soziale Umwelt gehemmt und verkrampft. Die ausschließliche Beschränkung auf die Gefahren des Alltags, die regelrecht gesucht und gefunden werden, kann dazu beitragen, dass sich der Bekanntenkreis massiv verkleinert.
2. **Vermeidung**: Situationen, die in der Wahrnehmung des Betreffenden als „zu gefährlich" erscheinen, werden mit aller Macht umgangen. Eine „Abwärtsspirale" wird in Gang gesetzt. Zunehmend verkleinert sich der Lebensradius. Meistens benötigt man dann eine „Begleitperson", um den Alltagsaufgaben nachzukommen.
3. **Kompensation**: Nunmehr sichert man sich massiv ab. Dies kann sich zum Beispiel darin zeigen, dass man plötzlich zahlreiche Versicherungen abschließt. Auf der anderen Seite fallen Betreffende auch manchmal ins andere Extrem und offenbaren eine ausgeprägte Risikofreudigkeit (ROEDIGER 2009a, 61).

Schema, Schemamodi und die damit verbundenen Manipulationen

Sozialarbeiter mit diesem Schema…	Jugendliche mit diesem Schema…
… wollen die Heranwachsenden vor den Gefahren des Alltags schützen	… sind zu sehr mit sich selbst beschäftigt
… leiden aufgrund von permanenter Angst unter zu viel Stress	… wirken introvertiert
	… machen einen sehr vorsichtigen, schüchternen Eindruck

Relevante Schemamodi: *Verletzbares Kind, Distanzierter Beschützer, Angepasster Unterwerfer, Zwanghafter Kontrolleur*

Formen der externalen Kausalattribuierung: „Wäre das Leben nicht so gefährlich, müsste ich mich nicht schützen", „Die Anderen sind potenziell gefährlich"

Tests: Aus Klientensicht: „Ich wirke übervorsichtig, um auf die Gefahren des Alltags hinzuweisen"; aus Sozialarbeitersicht: „Ich erzähle von Unfällen, um das Gespräch auf dieses Thema zu lenken"

> **Images:** „Ich bin ein vorsichtiger Mensch", „Mir wird wahrscheinlich bald etwas Schlimmes passieren"
>
> **Beteiligte Appelle:** „Sprich mit mir über mein Hauptthema", „Beruhige mich"
>
> **Relevantes Psychospiel:** „Katastrophe" (von Krankheiten und Unfällen berichten – und dem Anderen die Themen und die entsprechende Wahrnehmung aufzwängen wollen)

Schema Verstrickung/Unentwickeltes Selbst

Ein sehr enges, ja schon symbiotisches Verhältnis zu einer wichtigen Bezugsperson ist ein hauptsächliches Merkmal von Klienten, die das Schema *Verstrickung/Unentwickeltes Selbst* offenbaren.

Sie sind entsprechend stark mit ihr verstrickt, emotional und kognitiv. Laut YOUNG & KLOSKO (2006) ist es im Rahmen der Therapie sehr schwierig zu erkennen, wo genau die Identität des Patienten beginnt – und wo die Identität der Bezugsperson endet.

Man kann sich vorstellen, dass die Identität des Klienten stark unterentwickelt ist.

Überwiegend handelt es sich bei der Bezugsperson konkret um einen Elternteil, es kann aber auch der Lebenspartner sein. Die Bindung ist manchmal so eng, sodass beide Parteien zu wissen glauben, was gedanklich im Anderen vor sich geht.

Es gibt bestimmte Auffälligkeiten, die Menschen mit diesem Schema zeigen. Diese sollen beispielhaft genannt werden. – Entscheidungen werden nur in Absprache mit der Bezugsperson getroffen; dieses Merkmal findet sich auch beim vorherigen Schema. Außerdem beschäftigen sich Klienten häufig gedanklich mit dem Anderen.

Das Verhalten wird meistens imitiert, und es findet auch regelmäßiger Kontakt statt. Bei einer temporären Trennung kommt es schnell zu negativen Gefühlen.

Auf der anderen Seite lösen negative Gefühle gegen die Bezugsperson sofort unangebrachte Schuldgefühle aus; daher steht sie auch fern von jedweder Kritik.

Insgesamt ist festzuhalten: Die Bindung zu derjenigen Person, mit der man verstrickt ist, ist aus den Augen des Betreffenden das Nonplusultra. Man erzählt ihr alles und erwartet dies auch umgekehrt. Es ist für den Klienten gar nicht vorstellbar, dass diese Beziehung einmal enden könnte. Alleine schon der Gedanke daran löst extreme Angst und Unwohlsein aus.

Diese Auffälligkeiten haben ihre Gründe. Man kann annehmen, dass bei diesem Schema die Rolle der Eltern maßgeblich ist. Sie waren wahrscheinlich sehr an symbiotischen Verhältnissen interessiert, banden das Kind zu sehr an sich. Möglicherweise wurde auch in vielfachen Variationen suggeriert: „Ohne deine Eltern bist du verloren."

Eine symbiotische Konstellation führt oft dazu, dass Betroffene im Erwachsenenalter nicht wirklich wissen, wer sie sind, was sie können und was genau ihre Vorlieben sind.

Wie wird das Schema bewältigt?
1. Erduldung: Man ist und bleibt fremdbestimmt. Der Betreffende ist nicht fähig, die Bindung an die Eltern auch nur ein Stück weit aufzugeben. Sie spielen im eigenen Leben immer wieder eine große Rolle. Deshalb suchen Betreffende häufig Kontakt zu ihnen, meistens täglich. In Bezug auf die eigene Partnerschaft lebt man durch den Anderen und offenbart in bestimmten Situationen starke Anklammerungstendenzen. Wenn Betreffende einmal auf sich alleine gestellt sind, kommen sehr schnell Gefühle des Unwohlseins auf.
2. Vermeidung: Um das Schema zu vermeiden, bietet sich an, auf Beziehungen außerhalb der Familie gänzlich zu verzichten.
3. Kompensation: Wenn Klienten zur Kompensation neigen, streben sie überwiegend das Gegenteil von dem an, was ihre Eltern vorlebten. Das heißt, man grenzt sich ab. Nach ROEDIGER (2009b, 39) werden auch manchmal „Ersatzfamilien" (Wohngemeinschaften) gegründet.

Schema, Schemamodi und die damit verbundenen Manipulationen

Sozialarbeiter mit diesem Schema...	Jugendliche mit diesem Schema...
... erwarten von bestimmten, meistens engagierten Kolleginnen und Kollegen die volle, uneingeschränkte Unterstützung in allen Sachlagen ... imponieren nicht gerade mit einer engagierten Projektvorbereitung ... können sich so gut wie gar nicht in die Jugendlichen hineinversetzen ... sind manchmal übertrieben streng, penetrant und distanzlos	... haben übertrieben hohe Ansprüche an manche Sozialpädagogen ... stellen immer Fragen, wie man was tun soll ... fühlen sich schnell überfordert ... haben anscheinend keine eigenen Interessen, Talente und Vorlieben ... klammern sich an leistungsstarke Heranwachsende, um von ihnen zu profitieren

Relevante Schemamodi: *Ärgerliches (bzw. Wütendes) Kind, Distanzierter Beschützer, Innere Bestrafer (nach innen und außen wirkend)*

Formen der externalen Kausalattribuierung: „Die Anderen haben es drauf – viel mehr als ich"

Tests: Aus Schülersicht: „Ich stelle viele Fragen, damit der Sozialarbeiter mir hilft"; aus Sozialarbeitersicht: „Ich bin streng, damit die Schüler spuren"

Images: „Ich bin klein, mein Herz ist rein", „Ich brauche immer Unterweisung"

Beteiligte Appelle: „Hilf mir", „Überfordere mich nicht"

Relevante Psychospiele: „Unselbstständiges Kind im Beruf" (jede Aufgabe als zu schwierig empfinden, damit der Lehrer sie möglichst selbst löst), „Unselbstständiges Kind zu Hause" (jede Aufgabe als zu schwierig darstellen, damit die hauptsächliche Bezugsperson sie löst)

Schema Anspruchshaltung/Grandiosität

Im Zentrum von Klienten mit diesem Schema steht das Gefühl, etwas ganz Besonderes, ja geradezu auserwählt zu sein. Ein stark ausgeprägter Egoismus gehört ebenso zu diesem Muster. Regeln und allgemein übliche Konventionen gegenüber fühlen sich Betreffende nicht verpflichtet. Wer diesem Schema ausgeliefert ist, meint vorauseilend, es würden für ihn besondere Rechte und Privilegien gelten.

Klienten mit diesem Schema sind keine Teamplayer, im Gegenteil. Sie neigen dazu, die Anderen in ihrem Umfeld herabzusetzen. Auf der anderen Seite verstehen sie es, die Mitmenschen so zu beeinflussen, dass jene auf die eigenen Interessen und Motivationen eingehen.

Das Schema geht nach YOUNG et al. (2008) überwiegend auf mangelhafte elterliche Grenzsetzung im Kindesalter zurück, manchmal auch auf positive Verstärkung des kindlichen Narzissmus.

Mit diesem Phänomen beziehungsweise mit dessen Auswirkungen hat sich auch der Kinderpsychiater MICHAEL WINTERHOFF (2009) in seinem Buch *Warum unsere Kinder Tyrannen werden* auseinandergesetzt.

Demnach führt insbesondere elterliche Passivität in Sachen Werte- und Disziplinvermittlung dazu, dass die Heranwachsenden die eigenen Grenzen nicht kennenlernen, geschweige denn ein Gespür für die eigene Leistungsfähigkeit entwickeln.

Andererseits eignen sie sich infolge der Erziehungserfahrungen sehr schnell das Wissen über die bestmögliche Manipulation des Umfelds an.

Dieses grundsätzlich egoistische Thema kann ein Leben lang aktuell bleiben – wenn Betreffende im kindlichen Narzissmus gefangen bleiben.

Solche Klienten können Grenzen, die die Anderen ihnen auferlegen, nicht einhalten, sei es im privaten oder beruflichen Bereich (DAMM 2009). Außerdem ist der Hang zum Konkurrieren und Überflügeln nicht kleinzukriegen.

Wie wird das Schema bewältigt?
1. Erduldung: Betreffende fallen durch übertriebene Selbstdarstellung und „Plusmacherei" auf (RATTNER & DANZER 2006). Man steht gerne im Mittelpunkt, im positiven oder negativen Sinne, und ist sich selbst der Näch-

ste. Das heißt, die Bedürfnisse und Anliegen anderer spielen keine Rolle. Und: Die eigene Leistungsfähigkeit wird häufig total überschätzt.
2. Vermeidung: Wird dieser Bewältigungsmechanismus praktiziert, umgeht der Betreffende gerade diejenigen Situationen, in denen er nicht glänzen kann. Möglicherweise führt man auch ein Single-Leben, um jedwede Form von Abhängigkeit prinzipiell auszuschließen.
3. Kompensation: Bei dieser Konstellation zeigen Betreffende eine gönnerhafte Seite, die aber wieder dem grundlegenden Schema verhaftet ist: Man lässt die Anderen am eigenen Leben, genauer gesagt, am Erfolg teilhaben. Hierzu müssen die Anderen aber wesentliche Eigenschaften von authentischen Bewunderern haben.

Schema, Schemamodi und die damit verbundenen Manipulationen

Sozialarbeiter mit diesem Schema…	Heranwachsende mit diesem Schema…
… praktizieren viel zu personenzentriert und (noch nachteiliger) „beglücken" die Klienten in Überlänge mit ihrer „Lebenserfahrung", ihren Fähigkeiten, Zukunftsplänen usw. … erwecken bewusst oder unbewusst aufseiten der Heranwachsenden Minderwertigkeitsgefühle oder aber die Selbsteinschätzung, „dumm" oder unzulänglich zu sein	… finden oft den Unterricht, die Arbeitsblätter und auch Klassenarbeiten „langweilig", „überflüssig", „nicht angemessen" usw. … fragen sich oft, warum sie überhaupt „hier" sind … provozieren den Pädagogen gerne mit dem Ziel, Aufmerksamkeit zu erregen … neigen zu Mobbing … sind keine Teamplayer … nutzen andere Schüler aus … verwickeln den Lehrer in Diskussionen, in denen sie Schwachpunkte der Lehrkraft professionell ausnutzen
Relevante Schemamodi: *Ärgerliches (bzw. Wütendes) Kind, Aggressiver Beschützer, Manipulierer, Trickser, Lügner, Distanzierter Beschützer, Schikanierer- und Angreifer-Modus*	

> **Beteiligte Tests:** Aus Klientensicht: „Ich stelle den Lehrer bloß, damit er merkt, dass ich etwas Besonderes bin"; aus Sozialarbeitersicht: „Ich erzähle viel von mir, damit mich die Schüler bewundern"
>
> **Images:** „Ich bin großartig", „Du bist eine Niete"
>
> **Beteiligte Appelle:** „Bewundere mich", „Erkenne meine Einzigartigkeit an"
>
> **Relevante Psychospiele:** „Heldensage" (ausufernde Beiträge formulieren, um mehr „Platz einzunehmen"), „Toller Hecht und arme Sau" (Gespräche führen, in denen man sich selbst emporhebt und den Anderen gleichzeitig runter drückt)

Schema Unzureichende Selbstkontrolle/Selbstdisziplin

Eine stark ausgeprägte Unfähigkeit, (a) Frustrationen und Langeweile zu ertragen und (b) die eigenen Emotionen und irrationalen Impulse zu regulieren, macht vor allem das Schema *Unzureichende Selbstkontrolle/Selbstdisziplin* aus. Situationen, die aus Sicht des Betreffenden „zu stressig", zu überfordernd sind, werden vorauseilend gemieden. Man neigt zur Bequemlichkeit und zu auffälligem „Schonverhalten" (ROEDIGER 2009a, 56).

Kommt man einmal nicht um solche unerwünschten Situationen herum, werden Aufgaben oder Erledigungen widerwillig, halbherzig und nicht effizient bearbeitet.

Steht hingegen die Befriedigung eines Bedürfnisses in Aussicht, zeigen Betreffende eine hohe Motivation, das Ziel zu erreichen. Auf der Strecke bleiben gewöhnlich Ziele, die nur mittel- oder langfristig realisiert werden können.

Im sozialen Leben fallen Menschen mit diesem Schema unter anderem dadurch auf, dass sie Absprachen schlecht einhalten können. Sie wirken manchmal wie undisziplinierte Kinder.

Das Schema entsteht laut YOUNG et al. (2008, 300ff.) infolge eines bestimmten sozialen Einflusses, der sich frustrierend auf die kindliche Leistungsbereitschaft auswirkte. Zum einen wurde dies eventuell durch zu hohe Ansprüche an den Heranwachsenden bewerkstelligt (er konnte sie nicht erfüllen); zum anderen kann es auch sein, dass die Eltern selbst keine passenden Vorbilder in Hinsicht auf Durchhaltevermögen und Frustrationstoleranz waren.

Im letzteren Fall fehlte es dem Kind an Struktur und durchschnittlich ausgeprägter Motivation.

Wie wird das Schema bewältigt?
1. Erduldung: Der Betreffende hat zwar Pläne und Vorstellungen in Bezug auf die Zukunft, aber er tut nichts, um sie zu realisieren. Anspruchsvolle Tätigkeiten werden außerdem weitgehend ausgeblendet. Man ist davon überzeugt: „Bevor ich etwas tue und scheitere, tue ich lieber nichts." Bei aufkommenden Problemen wird schnell aufgegeben. Die Frustrationstoleranz ist sehr gering. Manchmal kommt es auch zu Substanzmittelmissbrauch.
2. Vermeidung: In diesem Fall hält sich der Betreffende weitgehend aus allem heraus. Man drückt sich vor Verantwortung. Konflikte werden vorauseilend vermieden.
3. Kompensation: Wenn Betreffende ins andere Extrem fallen, werden aus heiterem Himmel plötzlich zahlreiche Projekte begonnen und mit allen Ressourcen, die es gibt, durchgezogen.

Schema, Schemamodi und die damit verbundenen Manipulationen

Sozialarbeiter mit diesem Schema…	Jugendliche mit diesem Schema…
… präsentieren 30 Berufsjahre lang dieselben Arbeitseinheiten	… kommen regelmäßig zu spät
… haben jedes Jahr viele Krankheitstage	… sind unbeeindruckt von Versuchen, sie „auf den rechten Weg" zu bringen
… kommen ihren Verpflichtungen gegenüber dem Dienstherrn „gerade so" nach	… machen oft „blau"

Relevante Schemamodi: *Manipulierer, Trickser, Lügner, Ärgerliches (bzw. Wütendes Kind), Impulsiv-undiszipliniertes Kind, Distanzierter Beschützer*

Formen der externalen Kausalattribuierung: „In unserer Gesellschaft bringt es nichts, sich anzustrengen", „Die Anderen verlangen viel zu viel von mir, überfordern mich"

Tests: Aus Klientensicht: „Ich halte mich zurück, damit der Sozialarbeiter nicht auf die Idee kommt, irgendwelche Ansprüche an mich zu stellen"; aus Sozialarbeitersicht: „Ich wirke anspruchslos, damit die Jugendlichen keine Bedürfnisse anmelden"

Images: „Ich will doch nur meine Ruhe haben", „Wenn du Druck auf mich ausüben willst, entziehe ich mich deinem Machtbereich"

Beteiligte Appelle: „Bitte stelle keine Anforderungen an mich", „Lass mich in Ruhe"

Relevante Psychospiele: „Ja – nee" (Aufgaben übernehmen und dann alle im Stich lassen), „Harmlos" (nett sein, damit die Anderen einen in Ruhe lassen)

Schema Unterwerfung/Unterordnung

Klienten mit diesem Schema verhalten sich gegenüber bestimmten Personen in Freizeit und Beruf vorauseilend unterwürfig, anders gesagt, untertänig, gerade wenn es sich hierbei um sogenannte Respektspersonen handelt.
    Nicht nur das: Es wird intuitiv angeregt und zugelassen, dass man über sie bestimmt, sie beherrscht. Diese Motivation wird häufig schon durch eine Körpersprache ausgedrückt, die sehr angepasst ist. Betreffende lächeln entsprechend viel zu oft in Unterhaltungen, biedern sich an, machen vorschnell Zugeständnisse usw. Auf der anderen Seite fühlen sie sich (viel zu schnell) angegriffen, benachteiligt, machtlos.
    Dieses Schema sorgt für eine einseitige Beziehungsgestaltung. Der Betreffende zieht infolgedessen etwa bei anstehenden Auseinandersetzungen oder Verhandlungen immer den Kürzeren.

Die Bedürfnisse der Anderen sind im Rahmen des Schema *Unterwerfung/Unterordnung* wichtiger als die eigenen, weshalb ihnen auch ein höherer Status zugeordnet wird.

Hinter diesen Verhaltensweisen steht die Motivation, sich automatisch an die Bedürfnisse der Mitmenschen anzupassen. Das eigene Wohl und Wehe ist sekundär. Gleichzeitig wird auch vorauseilend die Position des „Untergebenen" eingenommen. Das Ziel: Vermeidung von jeglicher Konfrontation im Zwischenmenschlichen.

Betreffende haben auch meistens eine irrationale Selbstwahrnehmung. Sie meinen irrtümlicherweise, die Grundlage ihres Handels sei „das Gute", und ferner verzichten sie – aus ihrer Wahrnehmung – *bewusst* auf die Berücksichtigung ihrer Gefühle und Bedürfnisse im Alltag. Dabei ist es aber letztlich nur die Angst vor Bestrafung, die sie antreibt.

Konfrontationen eingehen ist nicht im Interesse des Betroffenen. Sie fürchten Ärger, Rache des Benachteiligten, wenn sie ihren wahren Gefühlen Ausdruck verleihen würden.

Der Mechanismus kann so skurrile Blüten treiben, dass Betreffende einer Respektsperson gegenüber nicht die leiseste Kritik äußern, sondern alles „schlucken". Dies führt zur schleichenden Überforderung.

Die üblicherweise länger andauernde Unterdrückung von Wut führt meistens zu der Ausprägung von psychosomatischen Beschwerden (etwa Kopfschmerzen, Magen- und Darmbeschwerden).

Es kommt auch gewöhnlich zu passiv-aggressiven Auffälligkeiten. So beginnt man zum Beispiel mit großem Elan eine Aufgabe, die der Vorgesetzte anordnet, und erledigt sie dann „aus Versehen" zu spät. Oder aber man erkrankt am Tag einer wichtigen Präsentation oder Ähnliches.

Das Schema *Unterordnung/Unterwerfung* entsteht meistens schon in der Kindheit, oft durch einen autoritären Erziehungsstil. Wahrscheinlich sanktionierte mindestens eine Bezugsperson den kindlichen Ausdruck von Emotionen, Kritik oder Widerspruch (über einen längeren Zeitraum hinweg).

Infolgedessen „lernte" der Heranwachsende, dass es für ihn sehr nachteilig ist, gegenüber bestimmten Personen authentisch zu sein. Dies führte unter Umständen zu Gewalt, Liebesverlust oder zu sonstigen Bestrafungen.

Ein solches elterliches Verhalten, das meistens auch geprägt ist von Dominanz und Kontrollstreben, steht auch im Zusammenhang mit dem Schema *Bestrafungsneigung* (siehe unten).

Aufseiten des Kindes führt die Ausprägung dieses Schemas ferner zu einem automatisierten Chamäleon-Verhalten in Alltagssituationen.

Wie wird das Schema bewältigt?
1. Erduldung: Betreffende ordnen sich aus Angst vor Strafe zwanghaft allen Personen unter, die sie als Autoritäten definieren. Unterschwellig kommunizieren sie Unterwürfigkeit. Das kann gegenüber dem Partner, einem Elternteil, Freund oder dem Chef praktiziert werden. Befehle werden nicht hinterfragt, sondern automatisch befolgt. Üblicherweise führt dies zur Aufstauung von Frust und Ärger.
2. Vermeidung: Der Betreffende umgeht Situationen, in denen er mit – aus seiner Wahrnehmung – Autoritätspersonen zu tun hat. Aufgetragene Aufgaben werden sehr gewissenhaft ausgeführt, um sich Stress zu ersparen.
3. Kompensation: Infolge dieses Mechanismus kommt es zu einem stark ausgeprägten Widerstand, der sowohl aktiv-rebellisch betrieben als auch passiv-aggressiv ausfallen kann. Es ist aber auch möglich, dass man seinen Frust mittels des Mechanismus Identifikation mit dem Aggressor (von früher) an Schwächeren auslässt. Aus dem Opfer wird infolge der Kompensation also ein Täter.

Schema, Schemamodi und die damit verbundenen Manipulationen

Sozialarbeiter mit diesem Schema...	Jugendliche mit diesem Schema...
... „knicken" bei physisch-imposanten Jugendlichen ganz schnell ein, lassen sich einschüchtern	... sind in der Gruppe „Mitläufer"
	... kritisieren nie den Sozialarbeiter, weder dessen Methoden, noch dessen Auftreten
... sind streng und blind autoritätsgläubig	
... haben wenig „Rückgrat"	... befolgen immer die Aufforderungen des Pädagogen
Relevante Schemamodi: *Distanzierter Beschützer, Angepasster Unterwerfer, Manipulierer, Trickser, Lügner*	

Formen der externalen Kausalattribuierung: „Die Anderen würden sich an mir rächen, würde ich anecken", „Wären die Anderen nicht so gefährlich, würde ich mich auch nicht anpassen"

Tests: Aus Klientensicht: „Ich gehe total auf dich ein, damit du mir nicht schadest"; aus Pädagogensicht: „Ich biedere mich an, damit ihr mich nicht benachteiligt"

Images: „Ich komme in Frieden", „Ich bin zu 100 Prozent loyal"

Beteiligte Appelle: „Denke gut über mich", „Bestrafe mich nicht"

Relevante Psychospiele: „Ja, ja, ja" (allem zustimmen, was der Gesprächspartner sagt, mit dem Ziel, nur nicht negativ aufzufallen), „Diener" (vorauseilend unterwürfiges Verhalten zeigen, damit der Andere „gezwungenermaßen" den dominanten Part einnehmen kann)

Schema Aufopferung

Auch beim Schema *Aufopferung* stehen das Wohl und Wehe der Mitmenschen im Vordergrund. In diesem Zusammenhang ist es aber nicht die Angst vor Strafe, die zur vorauseilenden Berücksichtigung der Bedürfnisse anderer führt, sondern das Streben nach positiver Aufmerksamkeit, die daraus resultiert.

Der Dienst am Nächsten gilt bekanntlich in allen Kulturen als Wert an sich. Betreffende spüren sehr extrem, was in den Mitmenschen gefühlsmäßig vor sich geht, im positiven und negativen Sinn.

Sie nehmen daher zu viel Rücksicht auf die Anderen, die eigene Wahrnehmung „klebt" förmlich an den Mitmenschen. Am liebsten will man dafür sorgen, dass die Anderen keine negativen Gefühle erleben.

Bezugnehmend auf aktuelle Erkenntnisse der Hirnforschung (BAUER 2007a) kann man vermerken, dass Betreffende wahrscheinlich in der Kindheit durch symbiotische, positiv gefärbte Verhältnisse zu den Eltern eine hohe Anzahl an sogenannten Spiegelneuronen ausgeprägt haben.

Entsprechend neigt man auch zu einer vorauseilenden Höflichkeit. Außerdem wird auf allen Kommunikationskanälen ein friedliebendes Wesen vermittelt.

Solche Klienten bekleiden erfahrungsgemäß auch Ehrenämter im sozialen Bereich, die sehr anspruchsvoll und zeitintensiv sind.

Klienten mit diesem Schema erwarten für die von ihnen erbrachte Hilfe und Unterstützung im privaten und beruflichen Lebensbereich keinerlei Gegenleistung. Wenn diese doch einmal angeboten wird, ist man schnell beleidigt und wehrt sich mit aller Macht dagegen.

Und: Eigene Ansprüche stellen – das funktioniert gar nicht. Schließlich schöpft man seine Anerkennung ja gerade durch den „freiwilligen" Dienst am *Anderen*.

Die Schattenseite dieses Lebensstils: In Situationen, in denen der Betreffende einmal Hilfe oder vertrauensvollen Zuspruch braucht, findet sich gewöhnlich niemand im sozialen Umfeld, der hierzu kompetent ist.

Was Betreffende in diesen Fällen nicht sehen: Sie selbst haben an der Auswahl ihres Bekanntenkreises mitgewirkt.

Der sich durch die fehlende Unterstützung in solchen Situationen aufbauende Frust entlädt sich des Öfteren in psychosomatischen Symptomen. Manchmal wird er aber auch mittels Suchtmittelmissbrauchs kompensiert.

Betreffende erlebten in ihrer Kindheit und Jugend nicht selten mindestens eine schwache, eventuell kränkliche oder depressive Bezugsperson. Um die musste man sich vielleicht sehr engagiert kümmern, sie umsorgen.

Die hier beschriebenen Klienten mussten häufig auch schon sehr früh Verantwortung im Kreise der Familie übernehmen, das heißt Funktionen ausüben, die eigentlich Erwachsene innehaben, zum Beispiel das Geschwister betreuen, den Haushalt führen usw.

Das bedeutet gleichzeitig, dass hiervon betroffene Kinder und Jugendliche vonseiten des Umfelds nicht altersgemäß wahrgenommen wurden, sondern als Partner mit vielen Pflichten.

Nicht selten kommt es im Zuge solcher Voraussetzungen zu der Ausprägung des Schemas *Aufopferung*.

Wie wird das Schema bewältigt?
1. Erduldung: Man gibt sich als starke Helferpersönlichkeit und engagiert sich übermäßig für seine Mitmenschen. Man richtet sich ein hilfsbedürftiges soziales Umfeld ein. Selbstsichere, starke Persönlichkeiten werden außen vor gelassen. Viele Klienten mit diesem Schema ergreifen einen Helferberuf.
2. Vermeidung: Man schwört vielen engen Beziehungen, in denen das Helfer-Thema die Grundlage war, ab. Eine andere Möglichkeit, dieses Schema zu vermeiden, besteht im sozialen Rückzug.
3. Kompensation: Betreffende stoppen von jetzt auf gleich aufgrund ihrer Frustration ihre Hilfsbereitschaft (das Umfeld gibt ja verständlicherweise nur wenig zurück). Man gibt sich augenscheinlich egoistisch und nicht mehr altruistisch.

Schema, Schemamodi und die damit verbundenen Manipulationen

Sozialarbeiter mit diesem Schema...	Schüler mit diesem Schema...
... lassen die Lebens- beziehungsweise Leidensgeschichten der Jugendliche viel zu nahe an sich heran (und nehmen sie mit nach Hause) ... haben Probleme damit, Bewertungen unter „ausreichend" zu verteilen ... unterhalten auch außerhalb des Alltags zu einigen Klienten regen Kontakt	... kümmern sich sehr um die Belange der Gruppe ... neigen dazu, die Gruppe als „ihre" Gruppe anzusehen (was irgendwann Konflikte in der Regel nach sich zieht) ... unterstützen den Sozialarbeiter bereitwillig und vorauseilend bei Projekten, Ausflügen usw. ... leiden manchmal unter psychosomatischen Krankheiten

Relevante Schemamodi: *Verletzbares Kind, Distanzierter Beschützer, Distanzierter Selbstberuhiger, Manipulierer, Trickser, Lügner, Zwanghafter Kontrolleur, Innere Antreiber (nach innen und außen wirkend)*

Beteiligte Tests: Aus Klientensicht: „Ich offenbare eine Helfer-Mentalität, damit der Lehrer und die Klasse mein Engagement anerkennen"; aus Sozialarbeitersicht: „Ich vermittle eine Helfer-Mentalität, damit ich meinen Schülern Gutes tun kann"

Images: „Ich bin für dich da", „Ich habe viele Kompetenzen"

Beteiligte Appelle: „Erzähle mir deine Probleme", „Sei nicht selbstständig"

Relevante Psychospiele: „Ich bin die Mama" (sich ständig nach Problemen erkundigen und sofort „aktiv" werden, sobald man welche in Erfahrung bekommt!), „Ich bin unkaputtbar" (auf die Mitmenschen einen selbstsicheren Eindruck machen und gleichzeitig von Krisen erzählen, die man erfolgreich durchgestanden hat)

Schema Streben nach Zustimmung und Anerkennung

Unter dem Einfluss dieses Schemas stehen meistens Menschen, die die Aufmerksamkeit und Bewunderung der Anderen permanent auf sich ziehen wollen. Hier liegt also eine stark ausgeprägte Außenorientierung vor.

Es geht strenggenommen ausschließlich um Akzeptanz und um positives Echo. Um diese Anliegen zu verwirklichen, ist es notwendig, die eigene Gefühlswelt und die Bedürfnisse zu vernachlässigen.

Diese könnten nämlich konträr zu den Interessen der Anderen sein. Tatsächlich fehlt bei entsprechenden Klienten ein weitgehend objektives Selbstempfinden – und somit schießen sie manchmal weit über das Ziel hinaus.

Dies führt erfahrungsgemäß dazu, dass die Mitmenschen schnell merken, worauf es dem Betreffenden wirklich ankommt. Peinliche Situationen sind dann die Folge; aber nur aus Sicht der Anderen.

Viel Energie und Aufwand werden in die Außenwirkung investiert. Man gibt zum Beispiel viel Geld für Statussymbole aus, vollbringt im Beisein des sozialen Umfelds imposante Leistungen. Dies alles und mehr dient dem Zweck, sich den Applaus der Anderen zu sichern.

Prinzipiell ist dieses Schema nicht dysfunktional, in mittlere Ausprägung ist es dem Betreffenden zweifellos dienlich. Zahlreiche Personen, die gesellschaftlich erfolgreich sind, offenbaren dieses Muster.

Geht es dem Betreffenden allerdings irgendwann nur noch im die positive

Resonanz von anderen, auch im privaten, familiären Bereich, dann kann dies hohe Kosten in Bezug auf sich selbst und den Kontakt zu den Mitmenschen nach sich ziehen.

Die Anderen erleben die Person gewissermaßen als nicht authentisch und aufgesetzt. Nun einige Anmerkungen zu den Ursachen dieses Schemas. Nach klinischen Erfahrungen wurde die für dieses Schema typische Außenorientierung früh erlernt, gefördert und vonseiten der Bezugspersonen dadurch verstärkt.

Wenn Eltern selbst zur Außenorientierung neigen, werden sie sicherlich Wert darauf legen, dass ihre Kinder entsprechende (sozial erwünschte) Verhaltensweisen zeigen, die auf einen zustimmenden Widerhall stoßen. Hierzu gehören das umgangssprachliche Brav-Sein und die vorauseilende Höflichkeit.

Es muss aber festgehalten werden: Solche elterlichen Vorstellungen stehen nicht im Einklang mit den natürlichen Bedürfnissen des Kindes. Dies erklärt, wieso Klienten mit diesem Schema nicht viele Aussagen über ihr Motiv- und Bedürfnissystem machen können. Sie haben gelernt, auf die Anderen zu achten und nicht auf sich selbst.

Wie wird das Schema bewältigt?
1. Erduldung: Betreffende erzwingen oft Bewunderung und Anerkennung vonseiten der Mitmenschen. Ohne das Lob, den Zuspruch der Anderen ist die eigene Leistung nichts wert. Zentral ist das Motto „fishing for compliments".
2. Vermeidung: Nunmehr wird strikte Anpassung praktiziert, um nicht negativ aufzufallen. Entsprechend werden vermeintlich strenge Persönlichkeiten umgangen.
3. Kompensation: Betreffende spielen sich zwanghaft und übertrieben in den Vordergrund, was dazu führt, dass die Mitmenschen sie negativ einschätzen. Oder aber man provoziert gezielt negative Aufmerksamkeit, etwa durch Nonkonformismus (etwa Links- oder Rechtsradikalismus).

Schema, Schemamodi und die damit verbundenen Manipulationen

Sozialarbeiter mit diesem Schema...	Jugendliche mit diesem Schema...
... erzählen den Jugendlichen viel zu oft aus dem eigenen Leben (und wollen dafür Anerkennung) ... arbeiten zu pädagogenzentriert	... engagieren sich für die Interessen der Gruppe (und wollen dabei nicht auf den Beifall verzichten) ... sind sehr statusorientiert ... kennen den gerade aktuellen Lifestyle bestens

Relevante Schemamodi: *Distanzierter Beschützer, Manipulierer, Trickser, Lügner, Innere Antreiber (nach innen wirkend)*

Formen der externalen Kausalattribuierung: „Die Anderen brauchen jemand, zu dem sie aufschauen", „Die Anderen wollen das so"

Tests: Aus Klientensicht: „Ich bin *in* und demonstriere das ausführlich – dafür möchte ich Bewunderung"; aus Pädagogensicht: „Ich erzähle von eigenen Lebensleistungen und möchte dafür Bestätigung"

Images: „Ich hab es drauf", „Ich möchte Anerkennung"

Beteiligte Appelle: „Ich möchte Lob von dir", „Übertrumpfe mich nicht"

Relevante Psychospiele: „Modenschau" (die neuesten Klamotten tragen und dafür Applaus bekommen wollen), „One for you, two for me" (etwas für die Anderen leisten und dafür *extrem* viel Anerkennung einheimsen wollen)

Schema Emotionale Gehemmtheit

Eine starke Betonung des Rationalen und eine überproportionale Vernachlässigung (oder Hemmung) des Emotionalen – dies sind Auffälligkeiten von Klienten, die dieses Schema ausgeprägt haben.

Betreffende wirken in Gesprächen sehr sachlich und geradlinig. Sie kommunizieren wohlüberlegt, sehr korrekt.

Offensichtlich liegt ihnen sehr viel daran, sich selbst zu kontrollieren. Dies geht zulasten der emotionalen Aspekte des Psychischen.

Tatsächlich werden emotionale Prozesse häufig auch von solchen Klienten diskreditiert, quasi als Schwäche definiert. (Die Ähnlichkeiten mit den Symptomen der *Zwanghaften Persönlichkeitsstörung* sind unübersehbar.)

Auch in anderen Bereichen demonstrieren Personen, die unter dem Einfluss dieses Schemas stehen, dass menschliche Wärme, Empathie und Spontaneität nicht zu ihren Steckenpferden gehören.

Üblicherweise geht es den Betreffenden nicht nur um die Unterdrückung der eigenen Gefühle und Affekte, sondern auch um die Kontrolle der (positiven und negativen) Gefühlswelt der Mitmenschen. Die gesellschaftlichen Konventionen werden insgesamt viel zu wörtlich genommen, ja gewissermaßen weit überschätzt.

Besonders wenn es im sozialen Umfeld zu starken Emotionen kommt, sind Betreffende mit Nachdruck um Beherrschung des Gesprächspartners bemüht. Solche heiklen Situationen werden üblicherweise mithilfe von Gedanken- oder Argumentationsketten mit hohem kognitiven Anteil bewältigt.

Die eigenen Emotionen werden nicht ohne Grund zurückgehalten. Man fürchtet – unbewusst – negative Reaktionen vonseiten der Umwelt. Diese Angst geht wiederum nur auf eine Konditionierung in der frühen Kindheit zurück, die nur von wenigen Personen praktiziert wurde. Die ist dem Betreffenden aber nicht bewusst. Routinehandlungen und Rituale werden ausgiebig praktiziert, befriedigen sie doch das Bedürfnis nach Kontrolle und Sicherheit.

Es verwundert nicht, dass man insbesondere in Verwaltungs-, Justiz-, sonstigen Kontroll- und anderen Beamtenberufen Personen mit diesem Schema antrifft. In entsprechend strukturierten Berufsbedingungen können Betreffende das Muster *Emotionale Gehemmtheit* ausleben.

Menschen mit diesem Schema lernten in ihrer Kindheit, dass der emotionale Ausdruck im sozialen Umfeld insgesamt unerwünscht ist. Häufig wurden Betreffende erfahrungsgemäß durch die Eltern beschämt. Das heißt, lebendiges, spontanes Verhalten zog mehrfach auch negative Konsequenzen nach sich. Eventuell wurden auch andererseits Anzeichen des „vernünftigen Erwachsenseins" seitens des Kindes sehr früh von den Eltern belohnt, und zwar kontinuierlich.

Da sich emotionale Prozesse im Gehirn aber nicht völlig unterdrücken lassen (sie machen ja im Wesentlichen die Psyche aus) und weil Gefühle stets Gedanken, Handlungsimpulse und Handlungen beeinflussen beziehungsweise auslösen, bleiben sogenannte unvernünftige und unmoralische Fehlleistungen trotz der immensen Emotionsabwehr nicht aus. – Aggression, Frustrationen, sexuelle Impulse, ja strenggenommen die ganze Palette an Gefühlen, Affekten und Emotionen wird unter dem „Deckmantel der Ratio" (KÖNIG 2003) in bestimmten Situationen nach außen hin abreagiert.

Dies zeigt sich dann oft darin, dass die Anderen, etwa die Kinder, Mitarbeiter, der Partner usw. für ihre Vergehen in Überlänge an den Pranger gestellt werden. Dies wirkt für den Klienten emotional entlastend.

Oder aber der Betreffende durchforstet aufgrund eines aktuellen Anlasses im Internet nach Seiten mit pornografischem Inhalt, um sich über den Verfall der Sitten „zu informieren".

Wie wird das Schema bewältigt?
1. Erduldung: Betreffende sind in allen Lebensbereichen sehr um Contenance, Ruhe, Gefühlskontrolle, kurz: um einen rational vertretbaren Lebensstil bemüht. Es dominiert die Sachlichkeit, Logik, sprich die Maxime: „Wenn ich Gefühle zeige, ist das schlecht!"
2. Vermeidung: Menschen, Hobbys und Situationen, die Gefühle aufwerfen, werden im Alltag gemieden. Man etabliert ein soziales Umfeld, das in die eigene rationale Lebensphilosophie passt.
3. Kompensation: Betreffende neigen in diesem Fall zu Alkohol- oder sonstigen Exzessen, bei denen die Gefühle und Emotionen schon gezwungenermaßen zutage treten. Populärer ist aber die Tendenz, sich in eine straffe Berufsstruktur zu integrieren.

Schema, Schemamodi und die damit verbundenen Manipulationen

Sozialarbeiter mit diesem Schema...	Jugendliche mit diesem Schema...
... wirken wie „blutleere" Automaten	... sind pädagogenzentriertes Arbeiten gewohnt und sind im Falle einer „offenen" Stunde rasch überfordert
... sind viel zu streng	
... verplempern zu viel Zeit mit Ermahnungen und dem Verbalisieren schlechter Zukunftsprognosen	... brauchen eine „enge" Führung und klar formulierte Arbeitsaufträge
... arbeiten viele Jahre mit demselben Material	... fühlen sich bei autoritären Sozialarbeitern wohl

Relevante Schemamodi: *Distanzierter Beschützer, Aggressiver Beschützer, Angreifer- und Schikanierer-Modus, Selbsterhöher, Innere Antreiber (nach innen und außen wirkend), Innere Bestrafer (nach innen und außen wirkend)*

Formen der externalen Kausalattribuierung: „Die Anderen sind so fehlerhaft, da habe ich gar keine andere Wahl!", „Die Umwelt ist chaotisch und muss an rationale Strukturen angepasst werden"

Tests: Aus Klientensicht: „Ich drücke mich intellektuell aus, damit ich sehe, ob der Lehrer ebenso rational eingestellt ist"; aus Pädagogensicht: „Ich formuliere Gebote und Verbote, um die Heranwachsenden zu kontrollieren"

Images: „Ich bin ticke ausschließlich rational, mit emotionalem Auftreten ist bei mir nichts zu holen", „Du bist nicht okay"

Beteiligte Appelle: „Funktioniere so, wie ich es will", „Bewundere mich dafür, dass ich so rational bin und mich stets zusammenreißen kann"

Relevante Psychospiele: „Anklageschrift verlesen" (den Gesprächspartner in Überlänge und unnachgiebig, leicht sadistisch zurechtweisen und seine Fehler herausstellen), „Früher war alles besser" (über die „gute alte Zeit" philosophieren und den aktuellen Gesprächspartner im Hier und Jetzt damit als minderwertig darstellen)

Schema Überhöhte Standards

Ein außergewöhnliches Streben nach Perfektionismus in allen Lebensbereichen ist für Klienten mit dem Schema *Überhöhte Standards* typisch. Die selbst konstruierten Maßstäbe und Ansprüche, an denen sich das eigene Denken und Handeln orientiert, erscheinen Außenstehenden als viel zu hoch.

In beruflicher Hinsicht sind solche Personen sehr erfolgreich, haben sie doch gewöhnlich sehr schnell sehr viel erreicht.

Doch wenn man sie im Alltag erlebt, mit ihnen spricht, machen sie überraschenderweise stets einen gestressten Eindruck.

Sie sind naturgemäß nie zufrieden mit dem, was sie sind, erreicht haben oder in Augen anderer darstellen. Es gibt noch viel zu tun. Die Lebensmaxime, die ohnehin schon weit über der Norm liegt, heißt: „Höher, schneller, weiter". Erfolge, etwa eine Beförderung, können daher auch nicht wirklich genossen werden – sogleich stehen neue Projekte und höhere Ziele an.

Die alltäglichen Belastungen sind aufgrund von arbeitssüchtigen Anwandlungen außergewöhnlich hoch. Meistens sind Personen mit diesem Muster engagiert in vielen Lebensbereichen – und entsprechend zeitlich sehr eingespannt.

Auch im Freizeitbereich will alles optimal vorausgeplant und ordentlich durchgestanden werden: die Erziehung der Kinder, die Organisation von Festen und Feiern, das Wochenende sowieso.

Läuft einmal ein Projekt nicht perfekt, entspricht das aus den Augen der Person einem Misserfolg, den es zu bedauern gilt.

Die Fassade, die Aktivitäten insgesamt, der Beruf – das alles unterliegt ebenso strengen Maßstäben. Auf die soziale Umwelt wollen Betreffende makellos, genauer gesagt, leistungsfähig wirken.

Aus diesem Grund erscheint man auch im Büro so ehrgeizig. Man imponiert seinen Vorgesetzten dadurch, setzt aber gleichzeitig seine Kollegen unter Druck, die schnell das Gefühl entwickeln, dass ihnen die Felle davon schwimmen.

Auf Freizeitaktivitäten am Wochenende angesprochen, reagieren Betreffende sehr ungehalten. Sie müssen doch noch dies und das erledigen. Es bleibt keine freie Minute.

Dieses Schema geht überwiegend auf das Konto von psychisch verinnerlichten Forderungen und Ansprüchen, die die Eltern oder andere wichtige Bezugspersonen an den Betreffenden in der Kindheit oder Jugend stellten.

Es ist wahrscheinlich, dass Zuneigung und Anerkennung abhängig von den Leistungen des Kindes waren, etwa in der Schule, beim Sport oder Ähnliches.

(Psychoanalytisch gesagt: Die Betreffenden haben im Erwachsenenalter ein sehr ausgeprägtes, rigides *Über-Ich* (Gewissen), das nicht zufrieden gestellt werden *kann*.)

Klienten mit diesem Schema kommen erfahrungsgemäß nicht in die Therapie wegen ihres maladaptiven Musters, sondern häufig wegen der daraus resultierenden psychosomatischen Beschwerden.

Insbesondere sind hierbei zu nennen: Reizdarm, Magenprobleme, Bluthochdruck, Asthma, Rückenbeschwerden, Hautkomplikation.

Wie wird das Schema bewältigt?
1. Erduldung: Das Bemühen um Perfektion bestimmt den Alltag, und zwar ohne Rücksicht auf die Kosten, die daraus entstehen (etwa in Bezug auf die Partnerschaft). Das Zeitmanagement ist unprofessionell, weil ausschließlich Stress fördernd. Man frönt dem Motto: „Es gibt immer was zu tun!" Das heißt, es herrscht ein großer Vorrat an Arbeitsaufträgen vor.
2. Vermeidung: Aufgaben werden aufgeschoben, besonders diejenigen, die von Mitmenschen beurteilt werden. Projekte mit niedrigem Anspruch werden begonnen. Eventuelle Ruhephasen werden mit Beschäftigungen überbrückt.
3. Kompensation: In diesem Fall werden nunmehr keinerlei Leistungsstandards erfüllt. Eventuell erwartet man von anderen das, was man selbst jahrelang erbracht hat. Im Extrem sieht das (in Bezug auf die eigene Person) so aus, dass verordnete Aufgaben ungenau, ja gewissermaßen schlampig erledigt werden, was ein Hinweis auf die Verweigerungshaltung des Perfektionisten ist. Sogar der komplette Ausstieg aus dem Leistungsdenken ist im Bereich des Möglichen.

Schema, Schemamodi und die damit verbundenen Manipulationen

Sozialarbeiter mit diesem Schema…	Jugendliche mit diesem Schema…
… bereiten ihre Arbeitseinheiten zu 100 Prozent „perfekt" vor	… definieren sich vor allem über Leistungsbereitschaft
… vermitteln den Schülern die einseitige Philosophie, dass es im Leben alleine auf Leistung und Perfektionismus ankommt	… werden schnell nervös, wenn Arbeitsprozesse nicht zügig bearbeitet werden
	… fühlen sich ganz schnell minderwertig, wenn sie nicht zu den „besten der Gruppe" gehören

Relevante Schemamodi: *Selbsterhöher, Innere Antreiber (nach innen und außen wirkend)*

Formen der externalen Kausalattribuierung: „Die Anderen müssen erleuchtet werden", „Die Welt braucht einen wie mich"

Tests: Aus Klientensicht: „Ich mache den bestmöglichen Eindruck auf den Lehrer, um ihn mit meiner Leistungsbereitschaft zu beeindrucken"; aus Sozialarbeitersicht: „Ich erscheine tadellos und leistungsstark!"

Images: „Mir liegt viel am Beifall der Anderen", „Ich bin perfektionistisch – und stolz darauf"

Beteiligte Appelle: „Bewundert meine Leistungen", „Werde so wie ich"

Relevante Psychospiele: „Notenschwemme" (in jeder Stunde Bewertungen verteilen, sodass sich die Jugendliche permanent anstrengen), „Monolog" (den Gesprächspartner durch die Beschreibung des eigenen Perfektionismus beeindrucken wollen)

Schema Negatives hervorheben

„Das Glas ist immer halb leer" – so oder so ähnlich lautet das Lebensmotto von Personen mit dem Schema *Negatives hervorheben*. Die Dinge, das Dasein, die Vergangenheit, Gegenwart und Zukunft werden im Allgemeinen negativ bewertet.

Eine grundsätzlich pessimistische Sicht ist mehr als augenscheinlich. Selbst in Phasen, in denen Betreffende – von außen betrachtet – glücklich sein müssten, etwa weil die Umstände es einmal gut meinen, wird stets nach dem sprichwörtlichen „Haar in der Suppe" gesucht.

Vermehrt werden entsprechende Umweltreize wahrgenommen, die die negative Perspektive untermauern, etwa entsprechende Medieninhalte über Unfälle, Katastrophen, Epidemien, Kriminalität usw.

Was ferner auffällt, ist die permanente Besorgtheit. Betreffende sind dauerhaft gestresst, angespannt, und außerdem sind sie völlig unfähig, Ruhe und Entspannung zuzulassen.

Zwanghaft wird gegrübelt. Die Angst treibt Betreffende an. Dieses Schema verursacht hohe Kosten besonders in Bezug auf die sozialen Kontakte. Familienmitglieder, Freunde und Bekannte müssen sich die zahllosen Sorgen des Betreffenden anhören.

Für andere Themen kann man den Betreffenden nicht begeistern. Anscheinend reicht eine Diskussion über die unangebrachten Ängste nicht aus, um das Schema abzumildern.

Die Ursprünge dieses Schemas liegen wie üblich in der Vergangenheit. Hauptsächlich durch Modelllernen wird das Muster psychisch verinnerlicht. Eventuell wuchsen Klienten mit Personen auf, die sich täglich viel zu viele Sorgen um die Zukunft gemacht haben.

Auf der anderen Seite entsteht das Schema auch leicht durch Schicksalsschläge, etwa Verlust- (Tod eines Elternteils) oder Entbehrungserfahrungen (ein Elternteil war vielleicht nicht verfügbar).

Aber auch ein grundsätzlich überängstlicher Erziehungsstil kann sich aufseiten des Heranwachsenden schließlich als Schema *Negatives hervorheben* manifestieren.

Wie wird das Schema bewältigt?
1. Erduldung: Der Betreffende beschäftigt sich im Alltag ausschließlich mit negativen Inhalten (Krankheiten, Tod, Unfälle usw.). Positive Erfahrungen werden unbewusst vermieden beziehungsweise „übersehen". Stets wird der *worst case* erwartet.
2. Vermeidung: Durch räumliche Einkapselung und/oder Alkoholmissbrauch versucht man, negative Empfindungen und Erwartungen zu verdrängen. Es wird außerdem eine Gewohnheitstier-Mentalität entwickelt. Den üblicher kleinen Bewegungsradius behält man bei. Alles, was neu und somit unbekannt ist, wird links liegen gelassen.
3. Kompensation: Betreffende werden nunmehr zu zwanghaften Optimisten, reden Risiken übermäßig klein. Eine Neigung zu Risikoverhaltensweisen kann entstehen.

Schema, Schemamodi und die damit verbundenen Manipulationen

Sozialarbeiter mit diesem Schema...	Jugendliche mit diesem Schema...
... wirken auf die Heranwachsenden sehr demotiviert	... finden erst einmal alles Mögliche schlecht
... können die Gruppe nicht motivieren	... agieren eher im Hintergrund
... strapazieren die Geduld der Heranwachsenden mit langen Ausführungen über die „Gefahren des Alltags"	... versuchen ihre Mitmenschen davon zu überzeugen, dass „alles scheiße" ist

Relevante Schemamodi: *Verletzbares Kind, Selbsterhöher, Distanzierter Beschützer, Innere Bestrafer (nach innen wirkend)*

Formen der externalen Kausalattribuierung: „Die Anderen müssen erleuchtet werden", „Die Welt braucht einen wie mich"
Tests: Aus Klientensicht: „Ich stoße die Anderen mit meiner Meinung vor den Kopf, um sie zu provozieren"; aus Pädagogensicht: „Ich schütze die Klasse durch die Lebenstipps, die ich ihr gebe"

Images: „Ich bin alles leid", „Ich muss mich schützen"

> **Beteiligte Appelle:** „Hör mir zu und versuche bloß nicht, mir meine Sicht der Dinge ausreden zu wollen", „Überfordere mich nicht"
>
> **Relevante Psychospiele:** „Katastrophe" (die Mitmenschen warnen, damit sie sich schützen – so wie ich mich schütze), „Überzeuger" (die Anderen von der Realität – „Alles ist Scheiße" – überzeugen wollen, damit sie sich so schlecht fühlen wie ich)

Schema Bestrafungsneigung

Extrem hohe Kosten in Bezug auf den Umgang mit anderen verursacht das Schema *Bestrafungsneigung*. Schon die Bezeichnung des Musters lässt viel Raum für Assoziationen zu.

Personen mit diesem Schema sind der Auffassung, dass andere für Fehler, Vergehen, Unzulänglichkeiten und andere Undiszipliniertheiten bestraft werden müssen.

Dieses Phänomen hat mit dem Menschenbild zu tun, das mit diesem Schema so gut wie immer zusammenhängt. Es lautet sinngemäß: „Der Mensch ist von Grund auf böse und muss durch Strafe auf den rechten Weg gebracht werden."

Entsprechend zahlreich sind die Normen, aber insbesondere auch die Ansprüche an sich selbst und andere im Alltag. Überall bemerken Betreffende, dass die Anderen Fehler machen, unzulänglich sind und infolgedessen bestraft werden müssen. Das hat Auswirkungen auf das eigene Handeln, es nimmt missionarische Züge an. Die Wahrnehmung kreist ständig um Ordnung und Moral.

Man eckt vor allem an wegen der moralisierenden, überheblichen Art, die in so gut wie jedes Gespräch einfließt. Die Bestrafung selbst ist, und das fällt erfahrungsgemäß nur Außenstehenden auf, manchmal nicht Mittel zum Zweck, sondern gewissermaßen Zweck an sich.

Es wird häufig nur um der Bestrafung willen sanktioniert. Entschuldigungen lässt man nicht gelten. Denn parallel zur Bestrafungsmotivation ist Einfühlungsvermögen wenig bis gar nicht vorhanden.

Menschen mit diesem Schema sind oft in hierarchischen Institutionen zu finden, zumeist in der mittleren und höheren Führungsebene. Sie belasten unbewusst das System, weil sie in Bezug auf die Erfüllung der (beruflichen) Pflichten viel zu weit über das Ziel hinausschießen. – Ständig werden neue Anordnungen erlassen.

Pausen müssen entsprechend unbedingt minutiös eingehalten werden. Die Mitarbeiter dürfen die Entscheidungen des Klienten nie kritisieren. Emotionen haben nichts im Alltag zu suchen, ebenso wenig auch private Angelegenheiten (die Nähe zum zwanghaften Persönlichkeitsstil wird hier auffällig).

Diese Vorgehensweisen gehen zulasten des Betriebsklimas. Man erkennt schnell, dass ein Einziger ein ganzes System, das vielleicht vorher gut funktionierte, mit dem Schema *Bestrafungsneigung* innerhalb von wenigen Monaten völlig modifizieren kann (im negativen Sinn).

Es bedarf bestimmter Voraussetzungen in der Kindheit, damit dieses Schema entsteht und sich festigt. Erwähnt werden sollte noch: Das Muster *Bestrafungsneigung* gehört zu den konditionierten Schemata, es entsteht also infolge von Sozialisationserfahrungen.

Meistens offenbaren die Eltern oder andere wichtige Bezugspersonen ein ähnliches Schema, traten also dem Heranwachsenden gegenüber sehr streng und autoritär auf.

Ferner wurde wahrscheinlich vermittelt: „Du bist böse und musst durch Strafe erzogen werden." Entsprechend wurde kindliches Auftreten häufig als „Vergehen" definiert und meistens sanktioniert. Tadel und Strafe spielten wahrscheinlich ebenso zentrale Rollen im Leben des Kindes.

Infolge dieser Gegebenheiten verinnerlicht der Heranwachsende psychisch einen strafenden Elternteil. Dieser Modus wird später im Alltag immer wieder aktiviert, wenn man selbst Fehler macht oder die Anderen die Ansprüche nicht erfüllen. In solchen Situationen „wird" der Betreffende derjenige Elternteil, der früher zum Beschuldigen neigte.

Wie wird das Schema bewältigt?
1. Erduldung: Betreffende sind hart und streng zu sich selbst und zu anderen. Auf Strafe wird bestanden, sobald jemand einen Fehler macht. Man hegt eine Vorliebe für hierarchische Berufe.
2. Vermeidung: Man erfüllt nach bestem Wissen und Gewissen seine „Pflicht". Das Motto lautet: „Befolge alle Regeln". Bestimmte Mitmenschen werden im Alltag aus Angst gemieden.
3. Kompensation: Betreffende verstecken sich hinter Regeln; oder aber sie zeigen zum Erstaunen der Umwelt Milde (und ärgern sich heimlich).

Schema, Schemamodi und die damit verbundenen Manipulationen

Sozialarbeiter mit diesem Schema...	Jugendliche mit diesem Schema...
... legen zu viel Wert auf Disziplin, Ordnung und Anstand	... neigen dazu, ihre Gruppenmitglieder für „Verfehlungen" zu bestrafen
... verbringen sehr viel Zeit damit, Tadel zu formulieren und auszuteilen	... sind viel zu selbstkritisch
	... drehen schnell durch, wenn sie keine guten Leistungen erzielen

Relevante Schemamodi: *Selbsterhöher, Schikanierer- und Angreifer-Modus, Distanzierter Beschützer, Innere Antreiber (nach innen und außen wirkend), Innere Bestrafer (nach innen und außen wirkend)*

Beteiligte Tests: Aus Klientensicht: „Ich bin überkritisch, damit die Anderen merken, auf was es mir ankommt"; aus Sozialarbeitersicht: „Ich gebe den Takt vor, damit ihr euch anpasst; ich habe die alleinige Macht!"

Images: „Ich bin eine Moses-Persönlichkeit, das heißt, alle müssen mir folgen", „Ich bin unnachgiebig bei Fehlern"

Beteiligte Appelle: „Halte dich an meine Regeln", „Bemühe dich"

Relevante Psychospiele: „Gerichtssaal" (den Gesprächspartner in Überlänge für seine Vergehen anklagen und über ihn richten), „Moses" (Monologe über Regeln, Moral und Anstand halten, damit die Anderen „folgen")

Schemamodus/Rolle

Ein Schemamodus steht in Zusammenhang mit einem oder mehreren Schemata. So konstatiert ROEDIGER (2009a, 43): „Die Schemata stehen im Hintergrund und treten als Modi in Erscheinung, wenn sie aktiviert werden."

Ein Schemamodus ist demnach ein gerade aktivierter Status der Persönlichkeit. Er offenbart sich als spezifischer Ich-Zustand, der verschiedene Schemata gleichzeitig repräsentieren kann (siehe unten). Im Grunde genommen weist der Ansatz Parallelen zum Persönlichkeitsmodell der Transaktionsanalyse auf (Kind-Ich, Erwachsenen-Ich, Eltern-Ich).

Ein Schemamodus beschreibt den aktuell erfahrbaren Erlebniszustand des Zu-Erziehenden, anders gesagt, seine gerade aktivierte Teil-Persönlichkeit, Rolle.

Ein Schemamodus steht häufig in Zusammenhang mit einem zugrundeliegenden Schema. Konkret gesagt: Ein oder mehrere Schemata treten durch einen spezifischen Modus konkret in *Erscheinung*. Ist ein Schüler in seiner Rolle, so ist er gedanklich und emotional „voll drin" und hat seine „fünf Minuten".

Beispiel: Das Schema *Anspruchshaltung/Grandiosität* kann sich einmal in einem wütenden, ein anderes Mal in einem verletzbaren Kindmodus offenbaren.

Das Thematisieren eines bestimmten Schemamodus stellt in der Therapie eine Erweiterung der Perspektive dar, erschafft einen neuen Blickwinkel. Modi sind nämlich gut fassbar, weil leicht zu beschreiben.

Das Modusmodell ist entsprechend „erlebnisnäher" als das Schemamodell und eignet sich daher eher zur Arbeit mit verhaltensauffälligen Jugendlichen, die im Allgemeinen (noch) nicht die nötigen kognitiven Fähigkeiten, etwa Introspektionsfähigkeit, mitbringen, um das Schemamodell zu verstehen (ROEDIGER 2009a).

Wie erwähnt, wird zwischen drei Grundkomponenten unterschieden:

1. *Kind-Modi*. Sie stellen das emotionale, spontane Erleben dar, das vor allem in den ersten Lebensjahren offenbart wurde.
2. *Innere Eltern-Modi*. Diese Persönlichkeitsfacetten beinhalten verinnerlichte elterliche Bewertungen, Normen und Regeln.

3. *(Maladaptive) Bewältigungsmodi.* Sie regulieren die Spannungen zwischen Kind- und Innere Eltern-Modi – aber sie führen gewöhnlich zu hohen Kosten.

Genannt werden muss noch der Modus des *Gesunden Erwachsenen*. Er steht stellvertretend für das rationale, selbstreflexive Bewusstsein und übernimmt im besten Fall die Organisation der anderen Modi.

In folgender Tabelle sind die wichtigsten Modi sowie ihre Auswirkungen zusammengefasst (ROEDIGER 2009a 67):

Das Modusmodell umfasst…		Bei entsprechender Aktivierung ist die Person…
Kind-Modi	a) *Verletzbares Kind*	… verwundbar, sensibel, emotional
	b) *Ärgerliches (bzw. Wütendes) Kind*	… aufgebracht, unreflektiert, sauer
	c) *Impulsiv-undiszipliniertes Kind*	… bockig, widerspenstig, aufmüpfig
	d) *Glückliches Kind*	… begeistert, kontemplativ, unbekümmert, glänzend aufgelegt
Maladaptive Modi	**Unterordnender Modus (Angepasster Unterwerfer)**	… passiv, aufmerksam, vorsichtig, vorauseilend „dienlich"
	Gefühlsvermeidende Modi a) *Distanzierter Beschützer*	… rational, unnahbar, ausweichend
	b) *Distanzierter Selbstberuhiger*	… emsig, aktiv (neigt auch zu Suchtmittelmissbrauch
	c) *Aggressiver Beschützer*	… vorauseilend „stachelig", feindselig

	Überkompensierende Modi (Übertreiber) a) *Selbsterhöher*	... denunzierend, narzisstisch, selbstverherrlichend
	b) *Schikanierer- und Angreifer-Modus*	... sadistisch, teuflisch, gewaltbereit
	c) *Manipulierer, Trickser, Lügner*	... motiviert, durch Tricks verdeckt ein bestimmtes Ziel zu verfolgen
	d) *Zerstörer-/Killer-Modus*	... gewalttätig, brutal, mitleids- und gewissenlos
	e) Zwanghafter Kontrolleur	... überkontrollierend, spaßbefreit
Maladaptive internalisierte Eltern-Modi	Innere Antreiber (nach außen und innen wirkend)	... sehr anspruchsvoll sich selbst und anderen gegenüber
	Innere Bestrafer (nach innen und außen wirkend)	... geneigt, sich selbst und anderen physischen/psychischen Schaden zuzufügen
Modus des Gesunden Erwachsenen	Gesunder Erwachsener	... selbstreflektiert, rational, reaktionsflexibel, neugierig, offen, aufnahmefähig

Im Rahmen der Schematherapie werden immer auch kostenintensive Schemamodi bearbeitet (YOUNG et al. 2008, 340ff.), meistens maladaptive (siehe Tabelle).

Dies kann auch im Schulalltag im Umgang mit „schwierigen" Schülern hilfreich sein. Hierzu werden negative Schemamodi zunächst gemeinsam mit dem

Schüler bewusst gemacht. Man beginnt üblicherweise mit einem Modus, der dem Lehrer extrem auffällt.

Der Schüler gibt letztlich dem jeweiligen Modus diejenige Bezeichnung, mit der er etwas anfangen kann; diese Bezeichnung kann zum Beispiel mit dem Vornamen des Klienten verknüpft werden und muss nicht zwingend mit den oben ausgeführten Modusbezeichnungen übereinstimmen.

Schulsozialarbeit

Schulsozialarbeit setzt im Allgemeinen an den Problemen von Kindern und Jugendlichen an, die sich im Lebensbereich Schule ergeben. Heranwachsende werden durch dieses Angebot auch zur Bewältigung ihrer Schülerrolle motiviert (BETTMER & PRÜSS 2005). Der Schulsozialarbeiter arbeitet aber auch mit Lehrern und Eltern zusammen, und das zeigt die systemische Ausrichtung dieses Arbeitsfeldes.

Schulsozialarbeiter ergänzen das schulische Leben, sie unterstützen die Lehrkräfte bei der Sicherstellung der Abläufe in der Schule. In Abhängigkeit der jeweiligen Schulform (Grundschule, Realschule, Hauptschule, berufsbildende Schule) gestaltet sich die praktische Ausrichtung des Schulsozialarbeiters (DRILLING 2004).

Schulsozialarbeit fokussiert nicht nur aktuelle Probleme von Schülerinnen und Schülern, sie dient auch der Vorbeugung zukünftiger Fehlentwicklungen seitens der Heranwachsenden, etwa Arbeitslosigkeit, soziale Probleme, Risikoverhalten usw.

Der professionelle Helfer sollte imstande sein, die Persönlichkeit von gefährdeten Schülern sowie ihre soziale Kompetenz zu fördern. Meistens bieten Schulsozialarbeiter auch Streitschlichtungsveranstaltungen an. Häufig unterstützt die Fachkraft auch Schüler beim Erstellen von Bewerbungsunterlagen.

Die Zielgruppen dieses Angebots sind (BRÜHL 2008) lernbeeinträchtigte Schüler, sozial benachteiligte Jugendliche, aber auch, wie bereits erwähnt, Heranwachsende mit bestimmten Problemen.

Anlässe für eine Beratung können sein: Hohe Fehlzeiten, Mobbing, Probleme mit anderen Schülern (oder auch Lehrern), Konflikte mit Freunden, Eltern usw.

Das Angebot stellt eine hilfreiche Ergänzung in Hinsicht auf den Schulalltag dar. Lehrer können nur eingeschränkt auf die persönlichen Probleme von Schülern eingehen, da wegen des damit verbundenen Zeitaufwandes die Qualität des Unterrichts in Mitleidenschaft gezogen werden würde.

Beispiel Schemapädagogik in der Schulsozialarbeit

*Marek (16) besucht die Berufsfachschule 1 (Fachrichtung Technik) seit zwei Monaten. Er ist eine imposante Erscheinung, stämmig, groß gewachsen. Sein Sozialverhalten im Unterricht wird von vielen Mitschülern und einigen Lehrern schnell als auffällig und störend bezeichnet (**Modus Manipulierer, Trickser, Lügner**).*

*Mit drei Lehrern ist er in den ersten Wochen des Schuljahres bisher aneinandergeraten und hat dafür schon Klassenbucheinträge bekommen. Laut deren Aussage stört er den Unterricht mit einer bestimmten Masche. Er provoziert massiv; aber er tut dies nicht offensichtlich, sondern verdeckt, sodass er die Lehrkräfte schnell auf 180 bringt (**Modus Manipulierer, Trickser, Lügner**). So kommt er zum Beispiel bei bestimmten Kollegen stets zu spät in den Unterricht (**Test**). Auf seine Verfehlungen angesprochen, regiert er gewöhnlich übertrieben höflich, manchmal auch aggressiv (**Modus Manipulierer, Trickser, Lügner**); dadurch verwickelt er sie in weitere Gespräche und bekommt Aufmerksamkeit (**Psychospiel**). Aufgetragene Hausaufgaben werden grundsätzlich nicht erledigt (**Test**). Stehen Gruppen-Präsentationen an, die benotet werden, lässt er seine Mitschüler im Stich, er fehlt dann am Tag der Präsentation (**Modus Manipulierer, Trickser, Lügner**).*

*Nachdem er eines Tages mit einer Lehrerin in der ersten Stunde streitet, wird er vor die Tür geschickt. Nach der 1. Pause – die Klasse wird noch von derselben Lehrerin betreut – marschiert er (verspätet) selbstbewusst und unbeeindruckt in den Klassensaal, setzt sich ohne ein Wort hin und packt sein Pausenbrot aus (**Modus Manipulierer, Trickser, Lügner**). Als er sich daran macht, es zu verspeisen, verweist ihn die Lehrerin wiederum des Klassensaals.*

*Der Klassenleiter führt mehrere Einzelgespräche mit ihm, aber er kommt nicht weiter. Kritik scheint nicht anzukommen, der Schüler zeigt keinerlei Problembewusstsein. Marek meint, „die Lehrer" sind schuld, er „macht gar nichts" (**externale Kausalattribuierung**). Gegen Ende solcher Unterhaltungen gelobt er stets*

Besserung, der Klassenlehrer hingegen ist von den Aussagen nicht überzeugt. Tatsächlich ändert sich Mareks Verhalten nicht.

*Die Schulsozialarbeiterin Frau G. wird über die Probleme mit Marek informiert („Er ist außerdem schon von zwei Schulen geflogen!"), und sie vereinbart einen Termin mit ihm. Zum ersten Treffen erscheint Marek fünf Minuten (**Test**) zu spät und blafft ihr den Satz „Ich hab den Bus verpasst" entgegen (**Modus Manipulierer, Trickser, Lügner**).*

*Frau G. geht nicht näher darauf ein, sondern sagt: „Du trägst ja die ganz neuen Nike-Schuhe. Cool. Ich wusste gar nicht, dass die schon auf dem Markt sind!" (**komplementäre Beziehungsgestaltung**) Marek ist verblüfft und kriegt gerade noch ein „Danke!" über die Lippen (**Grund: Unterbrechung des Psychospiels**).*

*Frau G. spricht die schulischen Probleme an. Marek verteidigt sich, „die Lehrer" würden ihn nicht leiden können, außerdem würde er „gar nichts machen" (**externale Kausalattribuierung**). Die Schulsozialarbeiterin reagiert nicht darauf. Sie informiert Marek darüber, welche Aufgaben sie an der Schule wahrnimmt und dass ihr Büro eine Anlaufstation für Schüler und Lehrer ist.*

*Frau G. regt daraufhin wieder eine eher informelle Unterhaltung an. Sie will wissen, was Marek in seiner Freizeit tut, welche Hobbys er hat usw. (**komplementäre Beziehungsgestaltung**) Er gibt bereitwillig Auskunft über seine Aktivitäten. „Ich muss in fünf Minuten los, ich habe noch einen Gerichtstermin", sagt er irgendwann (**Test**). Der Jugendliche erzählt, dass er vor Monaten mit seinen Freunden unterwegs war. Sie wurden auf einen Motorroller aufmerksam, der an der Straße stand. Marek schloss ihn kurz und fuhr ein paar Runden um den Block (**Modus Manipulierer, Trickser, Lügner**). Das ging nicht lange gut. Ein vorbeifahrende Polizeistreife wurde auf ihn aufmerksam, stoppte den Roller und nahm den Jugendlichen fest.*

Daraufhin sagt Frau G. humorvoll: „Und du hast gar nichts gemacht – die Polizisten waren schuld."

*Jetzt muss auch Marek grinsen (**kurzzeitige Aufhebung der externalen Kausalattribuierung; Modus des Gesunden Erwachsenen**).*

> **Schemapädagogische Analyse und Interventionen**
> Marek hat im Laufe seiner Biografie gelernt, dass es verschiedene Wege gibt, Aufmerksamkeit in der Schule und Freizeit zu provozieren. Diese Wege sind aus Sicht der Lehrkräfte sehr kostenintensiv, werden als negativ wahrgenommen. Doch das spielt für den Schüler keine Rolle. Die Klassenkameraden verstärken die Aktivierung des Schemamodus Manipulierer, Trickser, Lügner. Trotzdem kommt es zu Konflikten, die Lehrer werden schließlich durch seine Tests und Psychospiele zum Handeln gezwungen.
> In seiner Freizeit hat ihm sein zentraler Schemamodus schon mit dem Gesetz in Konflikt gebracht. Dummerweise verstärkt seine Peergroup ebenfalls den Modus Manipulierer, Trickser, Betrüger.
> Die Schulsozialarbeiterin hat schon beim ersten Treffen eine komplementäre Beziehungsgestaltung etabliert und so die Grundlagen für die Ausprägung von gegenseitigem Vertrauen gelegt. Im nächsten Schritt folgt die Modusklärung und -bearbeitung. Das Verfassen eines Schemamodus-Memos ist sinnvoll. Gleichzeitig müssen Ressourcen erfasst und Potenziale verwirklicht werden.

Selbsterkenntnis

Wenn der Sozialarbeiter ein gesundes Selbstwertgefühl hat, dann ist er, ganz allgemein gesagt, mit sich selbst, seiner Lebensführung und mit seinem Berufsleben im Großen und Ganzen zufrieden; „Ausreißer nach unten oder oben" passieren natürlich immer mal.

Der Betreffende weiß weitgehend um die eigenen Stärken und (vielen) Schwächen und kann sich entsprechend als „ganzheitliche Person" akzeptieren – und auch vor den Klienten entsprechend auftreten.

Selbst Ecken und Kanten sind nicht hinter einer Alltagsmaske versteckt, sie machen ja einen selbstsicheren und somit auch authentischen Sozialarbeiter aus. Daher sagt er auch meistens das, was er wirklich denkt – auch häufig „Nein!" –, freilich ohne die Klienten vor den Kopf zu stoßen. Auch „schwirige" Klienten sind nicht imstande, ihn vom „eingeschlagenen Weg" abzubringen.

Zeiten, die nicht so gut laufen, werden von selbstsicheren Professionellen mehr recht als schlecht durchgestanden. Auch depressive Verstimmungen werfen einen nicht um, sie werden sogar bewusst akzeptiert. Denn man weiß: Das geht vorbei! Über Lob freut man sich nicht übermäßig, Kritik wird meistens konstruktiv aufgefasst.

Ein solcher Professioneller ist im Vergleich zu nicht begünstigten Kolleggen glücklich(er). Er ist zufriedener, gesünder und hat mehr Erfolg im Leben, d.h. in Schule und Beruf (SCHÜTZ 2005).

Doch manche Professionelle verfügen nicht über derartige Kompetenzen. Wenn das Selbstwertgefühl insgesamt fragil beziehungsweise aus zahlreichen Widersprüchen zwischen „unbewussten-" und „bewussten Ich-Inhalten" besteht, kommt es zu folgenden Phänomenen, die relativ konstant und häufig auftreten:

- Ständig melden sich Gewissensbisse im Alltag zu Wort, der „innere Kritiker" kommentiert beständig alle möglichen Gedanken und Taten und sorgt für Minderwertigkeitsgefühle (› *Schema Unzulänglichkeit/Scham*).
- Man beschäftigt sich permanent mit sich selbst beziehungsweise mit seiner Außenwirkung.
- Es existiert ein starkes Bestreben, möglichst allen Klienten zu gefallen. Schuldgefühle kommen schnell auf, wenn das nicht klappt.
- Schlagfertigkeit gehört nicht zu persönlichen Eigenschaften. Schon eine spitzfindige Bemerkung eines Klienten reicht aus, um die Stimmung gänzlich kippen zu lassen.
- Überdurchschnittlich viele Missgeschicke passieren im Alltag. Grund: eine unbewusste Selbstsabotage aus dem Verborgenen sorgt dafür, dass man oft versagt. Dadurch wird das schwache Selbstbild wieder bestätigt (› *Schema Unzureichende Selbstkontrolle/Selbstdisziplin*).
- Auto-aggressive Selbst-Zuschreibungen werden bei kleineren und größeren Malheurs aktiviert („Ich brings einfach nicht!").
- Betreffende brauchen häufig positives Feedback.
- Manchmal befinden sich Betreffende auch in der Perfektionismusfalle und wollen entsprechend alles richtig machen, sodass niemand auch nur ein negatives Wort über einen sagen kann (› *Schema Überhöhte Standards*).
- In Alltagsgesprächen wertet man eigene Leistungen ab.

Es gibt viele Ursachen, wieso es mit dem Selbstwertgefühl nicht allzu rosig aussieht. Oft stehen sich Betroffene selbst im Weg. Genauer gesagt, bestimmte nachteilige Schemata, die im „unbewussten Selbst" abgespeichert sind, sabotieren das Selbstwertgefühl in vielen Alltagssituationen. Es gibt Möglichkeiten, seine Persönlichkeit zu stärken, hier beispielsweise eine Methode:

> Den **inneren Kritiker lahmlegen.** Wer in der Perfektionismusfalle gefangen ist, wird meistens Schritt auf Tritt von einer inneren Stimme begleitet, die ungefragt stets „ihren Senf" zu allen möglichen Situationen abgibt. Der innere Kritiker setzt einen auch unter Druck, indem er den Betreffenden zu mehr Leistungsbereitschaft anspornt: „Du musst mehr arbeiten" – „Kümmere dich mehr um die Klienten!" – „Fordere mehr von dir!"
> Betroffene dürfen sich bewusst machen, dass der innere Kritiker zwar ein Teil der eigenen Persönlichkeit ist; aber er war nicht von Anfang an „da". Wer Perfektionist ist und wirklich in sich geht, Widerstände überwindet und die Wahrheit sucht, der sieht schnell: der innere Kritiker spricht genauso wie eine bestimmte Person (oder mehrere) aus dem engsten Umfeld. Der innere Kritiker war irgendwann einmal ein „äußerer Kritiker", den man verinnerlicht und zu einem Teil der eigenen Persönlichkeit gemacht hat.
> Wer sich das bewusst macht, kann die Dinge ändern. Eine Methode sieht Folgendes vor: In Zukunft muss der innere Kritiker (a) bemerkt, (b) entlarvt und (c) bloßgestellt werden. D.h., hinderliche Gedanken müssen Sie in entsprechenden Situationen klar fassen und ad absurdum führen. Es geht auch darum, sich selbst mehr anzuerkennen. Stellen Sie eine Liste zusammen, in der Sie alles eintragen, was Sie bisher erreicht bzw. geleistet haben. Das ist höchstwahrscheinlich schon einiges. Und das nächste Mal, wenn die innere Stimme ansetzt, zücken Sie die Liste…

Spezifische Phobie

Experten definieren diese Angststörung folgendermaßen: „Die Spezifische Phobie ist eine dauerhafte, unangemessene und intensive Furcht vor bzw. Vermeidung von spezifischen Objekten oder Situationen." (BECKER & HOYER 2005b, 67)

Man unterscheidet zirka 1.000 bekannte Phobien. Zu den häufigsten Angstobjekten gehören Tiere (vor allem Schlangen, Spinnen, Hunde, Insekten, aber auch Mäuse und Katzen), enge Räumlichkeiten (Fahrstühle), Höhen und Blut.

So manche Phobie kann die Alltagsbewältigung erschweren. Phobien folgen aber keiner Logik, sondern eher einer irrationalen Pseudo-Logik. Das gefürchtete Objekt ist nämlich völlig harmlos.

Die Betroffenen wissen zwar manchmal darum, können der Angst aber nichts entgegensetzen. Phobien sind leider sehr widerstandsfähig. Darum sagt auch KAST (2004, 14): „Ein Mensch [. . .], der Angst vor Kaninchen hat, wird völlig unbeeinflußbar davon sein, was die anderen darüber denken." Für Betroffene gibt es das Wort „objektiv" nicht.

Warum fürchtet man sich vor Harmlosigkeiten? Es gibt einige Theorien hierzu. Ein paar Worte zur tiefenpsychologischen Deutung. Man geht davon aus, dass die Objekte verborgene Konflikte symbolisch *darstellen*. Anhand der Zwangsstörungen lässt sich diese Hypothese besonders gut zeigen. Betroffene achten in penibler Weise auf Ordnung und Sauberkeit in ihrer Umwelt.

Man fürchtet und ekelt sich ungemein vor Schmutz. Bei tief gehenden Gesprächen kann man interessanterweise feststellen, dass es sich hierbei um eine eigentliche Angst vor *eigenen* schmutzigen *Persönlichkeits*bereichen handelt, die projiziert werden. D.h., man verschiebt den Konflikt auf Ersatzobjekte, in die Außenwelt. Inneres „Chaos" wird durch „äußere Ordnung" in Schach gehalten.

Nahezu jeder Mensch hat ein oder zwei Phobien in petto. Der große DARWIN (1809–1882) zum Beispiel hatte eine spezielle Phobie, die eine verheißungsvolle Karriere als Mediziner zunichtemachte. Von seinem Vater angeregt, begann er zunächst ein Medizinstudium. Als er während seiner Ausbildung der ersten Operation beiwohnte, *fiel er in Ohnmacht*. Er konnte kein Blut sehen. Aus heutiger Sicht muss man sagen: zum Glück. Vielleicht wäre sein bahnbrechendes

Lebenswerk, die Evolutionstheorie, ansonsten nie zustande gekommen.

Wie werden Phobien therapiert? Die verhaltenstherapeutischen Vorgehensweisen sind meist angebracht und sehr erfolgreich. Üblicherweise werden Betroffene mit der Furcht auslösenden Situation oder dem Objekt *konfrontiert*, damit sie sich an die Harmlosigkeit gewöhnen können.

Straßensozialarbeit/Streetwork

Straßensozialarbeit (Streetwork) ist eine Arbeitsform der sogenannten *mobilen Jugendarbeit*. Sie findet in ländlichen Räumen und städtischen Ballungsgebieten statt und beginnt dort, wo Jugendliche nicht (mehr) von den öffentlichen Institutionen erreicht werden.

Die Klienten sind in der Regel zwischen 12 und 21 Jahren alt. Zielgruppen sind:

- Randständige Subkulturen,
- Jugendliche aus verschiedenen Szenen (Punks, Skins, Raver usw.),
- aggressive, gewaltbereite Jugendliche,
- Drogengefährdete,
- Obdachlose,
- Prostituierte.

Die professionellen Helfer sind darum bemüht, Zugang zu den eben genannten Jugendgruppen zu bekommen. Erfahrungsgemäß kann dieses Unternehmen für die Fachkraft sehr Stress auslösend sein.

Ein ganz wichtiges Charakteristikum der Straßensozialarbeit ist, dass sie weitgehend in das alltägliche Lebensmilieu der erwähnten Zielgruppen eingebunden ist (STEFFAN 1989). – Der Streetworker sucht die Klienten dort auf, wo sie sich schwerpunktmäßig (außerhalb des Wohnbereichs) aufhalten. Meistens handelt es sich dabei um Szenetreffpunkte, die frequentiert werden.

Gewöhnlich wird dann vor Ort, das heißt am jeweiligen Treffpunkt, eine unverbindliche Beratung angeboten. Aber es gibt oft auch die Möglichkeit einer institutionellen Zusammenkunft, etwa in Büroräumen, die dem Streetworker zur Verfügung stehen (KEPPELER & SPECHT 2005). Diese Rückzugsmöglichkeit wird erfahrungsgemäß von den Jugendlichen überwiegend positiv angenommen.

Streetwork hat das Ziel, benachteiligten Jugendlichen den Weg zurück ins gesellschaftliche Leben zu ebnen (SACHSSE 2008); hierzu wird ressourcenorientiert interveniert, außerdem werden gleichzeitig institutionelle Hilfsnetzwerke aufgebaut, um die Betreffenden sozial zu integrieren.

Beispiel: Schemapädagogik in der Straßensozialarbeit

Der 36jährige Streetworker Herr K. hat sein Büro in einem sozialen Brennpunktviertel in einer rheinland-pfälzischen Großstadt. Vor vier Monaten hat er seine Tätigkeit aufgenommen. Die Analyse der ansässigen Jugendszene ergab, dass viele Nationalitäten im Viertel vertreten sind, vor allem türkischstämmige Familien. Die Arbeitslosenquote liegt bei über 20 Prozent, die Kriminalitätsrate ebenso.

Viele Jugendliche im Viertel treffen sich auf den beiden nahe gelegenen Spielplätzen. Aber Herr K. begegnet ihnen auch an bestimmten Straßenecken.

Er erfährt in persönlichen Gesprächen, dass die meisten Kids keinen Job beziehungsweise keine Berufsausbildung haben. Probleme haben viele auch in der Schule.

*Seine ersten ernsthaften Kontaktversuche sind mehr oder weniger erfolglos. Er wird von einer sechsköpfigen Clique, die er als erste Zielgruppe fokussiert, etwa zehnmal in verschiedenen Variationen wüst beschimpft (etwa: „Verpiss dich, du Nazi! Wir wollen nichts von dir!") (**eventuell: Erduldung des Schemas Soziale Isolation**). Andere Jugendliche erzählen ihm, dass die Gruppe nachts durch die Straßen zieht und randaliert, zum Beispiel Mülleimer in Brand steckt (**Zerstörer-/Killer-Modus**).*

*Eines Mittags läuft er am Spielplatz vorbei. Dort stehen die besagten Jugendlichen. Sie üben Kicks und andere Kampfsport-Moves (**Modus Selbsterhöher/Wichtigtuer**). Er geht zu ihnen rüber, schaut kurz zu und sagt: „Nicht schlecht, der Kick. Ihr habt's anscheinend drauf. Kennt Ihr Bruce Lee?" (**Berücksichtigung des Bedürfnisses nach Anerkennung, komplementäre Beziehungsgestaltung**) Einer in der Gruppe antwortet: „Mann, das war der beste Kung-Fu-Kämpfer, den es je gab!" – „Na, dann kommt am Samstagabend mal zu*

mir ins Büro. Ich zeig' Euch was über Bruce Lee, das habt ihr noch nicht gesehen. Ihr wisst ja, wo mein Büro ist." (**komplementäre Beziehungsgestaltung**)
Dieses Beziehungsangebot wird angenommen. Die Gruppe sucht am vereinbarten Abend sein Büro auf. Herr K. hat für jeden Jugendlichen aus dem Internet Material zu Bruce Lee zurechtgelegt (**Berücksichtigung der Bedürfnisse Wichtigkeit, Anerkennung, Verlässlichkeit**). An diesem Abend hält Herr K. einen Kurzvortrag über den asiatischen Kämpfer und händigt den Jugendlichen Memory-Sticks aus, auf denen der Powerpoint-Vortrag gespeichert ist. Einer sagt: „Hey, willst du uns bestechen, Mann?" (**Test**)
Es finden weitere Treffen statt. Zwei Jugendliche halten einen Vortrag über einen anderen Asiaten (Jackie Chan) (**Befriedigung des Bedürfnisses nach Anerkennung**). An einem Abend präsentiert er einen „Überraschungsgast": einen Kampfsportlehrer. Der macht mit den Jugendlichen einige Übungen – sie sind begeistert. (**Der Streetworker befriedigt das Bedürfnis der Jugendlichen nach Solidarität**)
Die Beziehung zwischen dem professionellen Helfer und den Klienten wird zunehmend stabiler. Endlich kann der Sozialarbeiter weitgehend störungsfrei seine Gruppe unterstützen. Sie erzählen ihm eines Abends von den nächtlichen Machenschaften und sehen nach diversen Gesprächen ein, „dass das Mist ist" (**Modus des Gesunden Erwachsenen**). Herr K. vermittelt Praktika, schreibt mit den Kids Bewerbungen (**Berücksichtigung der Bedürfnisse Wichtigkeit, Anerkennung, Verlässlichkeit**) und gründet sogar einen „Stammtisch", zu dem er jeden Samstagmorgen die Jugendlichen und deren Eltern einlädt. Außerdem werden Projekte und erlebnispädagogische Freizeitaktivitäten gemeinsam geplant und durchgeführt.

Schemapädagogische Analyse und Interventionen
Die Gruppe wollte zunächst vom Sozialarbeiter nichts wissen und wies seine Kontaktversuche aggressiv zurück. Der Sozialarbeiter lies sich von diesen Tests nicht beeindrucken und blieb weiter positiv zugewandt. Hätte er sich provozieren lassen, hätte er seinen bis dato aufgebauten Eindruck auf einmal verloren.
Es gelang ihm schließlich, über das Thema Kampfsport einen Zugang zur Gruppe zu finden. Er orientierte sich weiterhin an den Interessen der Jugendlichen und konnte so maßgeblich dazu beitragen, dass sie ihm gegenüber ihr manipulatives

> *Verhalten und weitere Tests unterließen.*
> *Die Gruppe gestand sogar die nächtlichen Vergehen. In diesen Momenten, in denen der Modus Gesunder Erwachsener aktiviert war, hätte der Streetworker verschiedene maladaptive Schemamodi thematisieren können, und zwar in einer humorvollen Weise („So, in wem von euch steckt denn noch so ein kleiner Randalierer?"). Bei weiteren Treffen hätte der Streetworker auch gemeinsam mit den Jugendlichen Schemamodi-Memos erarbeiten können.*
>
> *In Bezug auf den professionellen Umgang mit potenziell delinquenten oder allgemein schwierigen Gruppen ist es sinnvoll, irgendwann die Schemamodi anzusprechen und mit ihnen zu arbeiten.*
>
> *Denn nur weil infolge der komplementären Beziehungsgestaltung vorwiegend der Modus des Gesunden Erwachsenen aktiviert ist, sind andere (maladaptive) mentale Zustände nicht plötzlich „weg". Sie können – vor allem in Abwesenheit des Streetworkers – in entsprechenden Situationen wieder aktiviert werden und delinquentes Verhalten auslösen. Es kommt dann trotz etwaiger Versprechen („Ich mach kein Scheiß mehr!") wieder zu Rückfällen. Diese sollten dann wieder thematisiert werden.*

Stühlearbeit

Anleitung Stühlearbeit

- ➤ Rahmenbedingungen: ein reizarmes Umfeld, nur der Klient und der Pädagoge sind anwesend; vorher sollte die Phase des komplementären Beziehungsaufbaus stattgefunden haben
- ➤ Material: drei Stühle, Karte
- ➤ Anlass: vor oder nach dem Schemamodus-Gespräch
- ➤ Ziel: Förderung des Modus des Gesunden Erwachsenen (= Förderung der Selbstkontrolle im Unterricht)

Zunächst erklärt man dem Betreffenden, worum es geht. – Mithilfe einer kleinen Übung soll ihm klar werden, dass manchmal ein „Mobber", „Verarscher", „Schläger" usw. in ihm aktiviert wird.

Die jeweilige Persönlichkeitsfacette übernimmt dann die Kontrolle über sein Denken und Verhalten, und er hat seine „fünf Minuten". Dann ist er „voll drin" in seinem „Film".

Als „Mensch", so erklärt der Pädagoge, könne er den Teenager super leiden, und der innere „Mobber", „Verarscher", „Schläger" usw. nervt eben manchmal. Da müsse man was machen. Der Sozialarbeiter legt nach der **freundlichen Einführung** auf den dritten (leeren) Stuhl eine Merkkarte, auf der die Bezeichnung des „schwierigen" Schemamodus, anders gesagt, der störenden Klientenrolle steht, etwa: „Aggro-Thomas".

Er erklärt dem Heranwachsenden in Klientensprache zunächst **authentisch** und **wertungsfrei**, wie genau er den aktivierten „Mobber-", „Verarscher-", „Schläger-Thomas" wahrnimmt.

Danach kündigt der Pädagoge an, dass er nun in diese eine bestimmte Rolle des Klienten schlüpfen wird, sobald er den leeren Platz einnimmt. Der Teenager wird dazu angehalten, genau aufzupassen, nichts zu sagen und das Ganze auf sich wirken zu lassen. Dann geht es los. Schauspielerische Kompetenzen sind gefragt.

Nach zirka einer Minute „Schemamodus-Rollenspiel", bei dem durchaus prägnante, problematische Sätze mit Wiedererkennungswert fallen **müssen**, erhebt sich der Pädagoge, „switcht" um und offenbart wieder die Rolle des Gesunden Erwachsenen.

Nun wird der Heranwachsende zu dem gerade Erlebten befragt („Wie war das für dich?", „Erkennst du den Aggro-Thomas?" usw.). Er soll die Rolle konkret kennenlernen und über sie reflektieren (Vor- und Nachteile).

Dieses Prozedere dient der Förderung der zukünftigen Selbstkontrolle. Es sollte im Anschluss an diese Übung ein Schemamodus-Memo erstellt werden. Ebenfalls kann man mit dem Klienten einen verbalen Vertrag („Ab jetzt bleibst du cool und kontrollierst deinen inneren ...!") schließen, der mit einem symbolischen Handschlag abgesegnet wird.

W

Wiederholungszwang

Der Begründer der Psychoanalyse stieß im Laufe seiner Arbeit mit Klienten auch auf den seltsamen menschlichen Antrieb, frühkindliche unangenehme, ja schmerzliche Erfahrungen und negative zwischenmenschliche Konstellationen zu – *wiederholen*. Diese Motivation schrieb er dem „verdrängten Unbewussten" zu. Der Mechanismus taucht im Schulalltag tatsächlich immer mal wieder auf.

Zwei Beispiele:

> Es gibt einige Schüler, die immer wieder dieselben (negativen) Erfahrungen machen, entweder mit anderen Heranwachsenden oder Lehrern.
> Andere Heranwachsende berichten permanent davon, dass sie sich einfach nicht dazu motivieren könnten, auch nur für eine Klausur zu *lernen* geschweige denn, Abgabefristen einzuhalten (da gebe es Widerstände).

In persönlichen Gesprächen mit Betreffenden tritt im letzteren Fall oft eine Abwehr zutage, die eine lange Tradition hat (und am Anfang dieser Tradition steht nicht selten *ein* Erwachsener, der zu viele Forderungen stellte).

Anderen Teenagern geht es in Hinsicht auf den Mechanismus ungleich schlechter. Sie „geraten" permanent an asoziale Beziehungspartner. Als Lehrer wundert man sich manchmal über die Ausreden, die betreffende Schüler (meistens weibliche) konstruieren, um sich das irrationale Geschehen zu erklären.

Auf die Frage: „Wieso machst du nicht einfach Schluss mit dem Typen? – Er ist gewalttätig!" wird in etwa meistens so geantwortet: „Ja, aber nur *manchmal*; außerdem liebt er mich!" Die beschriebenen Phänomene lassen sich mit dem Begriff Wiederholungszwang gut erklären. Und auch in der Tiefenpsychologie, den Neurowissenschaften und in der Schemapädagogik hat er seinen „festen Platz".

Deutungen

> **Tiefenpsychologen** sehen einen Sinn in der ständigen Re-Inszenierung von zwischenmenschlichen Konflikten aus der Vergangenheit. Betreffende möchten das „Unheil von damals" im Hier und Jetzt endlich lösen. Fatalerweise ist das Unternehmen meistens nicht von Erfolg gekrönt, weil dem Heranwachsenden die Ressourcen für das Projekt fehlen. Ferner wird er von unbewussten Minderwertigkeitsgefühlen beeinflusst, die bei der damaligen Konstellation eine Rolle spielten (er war ja in der Regel noch zu klein, unzulänglich, schwach). Fatal ist auch, dass Betreffende nicht sehen, dass sie selbst einen großen Anteil an den zwischenmenschlichen Beziehungen haben, die ihnen schaden.

> **Neurowissenschaftliche Überlegungen**: Die Gehirnentwicklung ist nach der Pubertät so gut wie abgeschlossen (ROTH 2003). Immer stärker tritt folgendes Prinzip in Erscheinung: Der Mensch „macht" strenggenommen seine Erfahrungen. Die Umwelt ist somit abhängig von der „inneren Welt" (Erwartungen, Erfahrungen). Der Betreffende gestaltet aktiv seine Umwelt, nimmt Einfluss auf sie – er passt sie seinen vorhandenen Strukturen an. Dieser Aspekt wird oft übersehen. Aus dieser Perspektive ergibt sich eine neue Sinnhaftigkeit. Einige Beispiele: Der Beruf, den jemand ausübt, sein soziales Umfeld, seine bevorzugten Hobbys – *das alles sagt eigentlich nur etwas über ihn selbst aus*. Da entsprechend der Mensch (das Gehirn) dazu neigt, „Bekanntes" zu wiederholen, wiederholt er auch Nachteiliges (wenn es seit der Kindheit bekannt ist).

> **Schemapädagogische Annahmen**: Die Vergangenheit, die aus erworbenen Schemata besteht, das heißt, aus Annahmen über sich selbst und die Anderen, „schiebt sich immer wieder in die Gegenwart". Dies ist dem Be-

treffenden nicht bewusst, da diese Schemata meistens noch in einer Zeit entstanden, in der sein Gehirn noch im Aufbau war. Wie später noch zu zeigen sein wird: Nachteilige Schemata bewirken, dass Betreffende immer wieder dieselben Konflikte mit sich selbst und anderen erleben.

Fazit

Man trifft hin und wieder auf Klienten, die immer wieder dieselben Probleme haben – und einfach nicht sehen, dass längst vergangene Prägungen dafür verantwortlich sind. Natürlich sind die pädagogischen Mittel hinsichtlich dieses Themas begrenzt, der Professionelle ist schließlich kein Therapeut.

Dennoch sollten auch Pädagogen über diesen Mechanismus Bescheid wissen, ihn durch Achtsamkeit im Unterricht bemerken und unter Umständen auch intervenieren.

Weiterführende Literatur

Damm, M. (2010). Praxis der Schemapädagogik. Schemaorientierte Psychotherapien und ihre Potenziale für die psychosoziale Arbeit. Reihe Schemapädagogik kompakt. Band 1. Stuttgart: Ibidem-Verlag.
Das Buch schlägt eine Brücke zwischen Schematherapie und psychosozialen Arbeitsfeldern. Die Grundlagen – Kognitive Therapie, Klärungsorientierte Psychotherapie und Schematherapie – werden dargestellt. Ihr Potenzial für folgende psychosozialen Arbeitsfelder wird beschrieben: Schulsozialarbeit, Paarberatung, Sozialpädagogische Familienhilfe, Erziehungsberatung, Strafvollzug (Bewährungshilfe), Streetwork.

Damm, M. (2010). Schemapädagogik im Klassenzimmer. Ein neues Konzept zur Förderung verhaltensauffälliger Schüler. Reihe Schemapädagogik kompakt. Band 2. Stuttgart: Ibidem-Verlag.
Dieses Buch beinhaltet die Grundlagen der Schemapädagogik und ihr Transfer in den Unterrichtsalltag.

Damm, M. (2010). Schemapädagogik im Klassenzimmer. Das Praxisbuch. Materialien und Methoden für Lehrer und Schüler. Reihe Schemapädagogik kompakt. Band 3. Stuttgart: Ibidem-Verlag.
Dieses Praxisbuch ist als Ergänzungsband konzipiert. Er beinhaltet unter anderem Arbeitsblätter sowie Schemafragebögen.

Damm, M. (2011). Schemapädagogik bei jugendlichen Gewalttätern. Diagnose von Schemata, Konfrontation und Verhaltensänderung. Reihe Schemapädagogik kompakt. Band 4. Stuttgart: Ibidem-Verlag.
Hier werden traditionelle wie neue pädagogische Interventionen vorgestellt, die im Umgang mit jugendlichen Gewalttätern hilfreich sind.

Damm, M. (2011). Handwörterbuch Schemapädagogik 1. Kommunikation, Charakterkunde, Prävention von Beziehungsstörungen. Reihe Schemapädagogik kompakt. Band 5. Stuttgart: Ibidem-Verlag.
In diesem Nachschlagewerk finden Sie relevante Arbeitsbegriffe, die im Rahmen der Schemapädagogik eine große Rolle spielen. Neben den Grundlagen der Kommunikation findet sich auch eine tiefenpsychologisch orientierte Charakterkunde sowie Interventionen, die der Prävention von Beziehungsstörungen dienen.

Damm, M. (2011). Handwörterbuch Schemapädagogik 2. Manipulationstechniken, Selbstklärung, Intervention. Reihe Schemapädagogik kompakt. Band 6. Stuttgart: Ibidem-Verlag.
Dieser Ergänzungsband komplettiert die vorangegangene Publikation. Das Buch ist ebenfalls als Nachschlagewerk konzipiert. Neben wichtigen Schemapädagogik-Begriffen wird konkret auf Manipulationstechniken eingegangen, aber auch auf Schemata und Schemamodi, die aufseiten des professionellen Helfers vorhanden sein können.

Damm, M. & Ebert, M.-G. (2011). Lehrerpersönlichkeit. Professionelle Beziehungsgestaltung im Unterricht. Reihe Schemapädagogik kompakt. Band 7. Stuttgart: Ibidem-Verlag.
Hier findet der Leser Ursachen und Lösungsvorschläge für „typische" Konflikte im Schulalltag. Fokussiert werden vor allem Prozesse, die auf der (eher unbewussten) Beziehungsebene ablaufen, etwa Beurteilungsfehler und die sogenannten Abwehrmechanismen.

Damm, M. (2012). Persönlichkeitsstörungen in der Schule 1. Schemapädagogik bei Einzelgängern, Sadisten, Hypersensiblen und Selbstverletzungen. Reihe Schemapädagogik kompakt. Band 8. Stuttgart: Ibidem-Verlag.
Hier werden „schwierige" Schülerinnen und Schüler vor dem Hintergrund der Thematik Persönlichkeitsstörungen betrachtet. Entsprechend geht es unter anderem um den Umgang mit schizoiden, sadistischen, paranoiden und selbstverletzenden Heranwachsenden. Ursachen aus integrativer Perspektive und schemapädagogische Interventionsmöglichkeiten werden ferner thematisiert.

Damm, M. (2013). Persönlichkeitsstörungen in der Schule 2. Schemapädagogik bei Selbstdarstellern, histrionischen, antisozialen und Borderline-Persönlichkeiten. Reihe Schemapädagogik kompakt. Band 9. Stuttgart: Ibidem-Verlag.

In diesem Band geht es um weitere Persönlichkeitsstörungen, die manche „schwierige" Schüler offenbaren. Die Ursachen und Psychodynamik der narzisstischen, histrionischen, antisozialen und Borderline-Persönlichkeitsstörung werden ausführlich beschrieben. Pädagogische Fachkräfte erhalten in diesem Buch auch Tipps zur komplementären (= an die zentralen Motive angepasste) Beziehungsgestaltung im Unterricht.

Damm, M. (2014). Persönlichkeitsstörungen in der Schule 3. Schemapädagogik bei Helfertypen, zwanghaften, passiv-aggressiven und ängstlichen Jugendlichen. Reihe Schemapädagogik kompakt. Band 10. Stuttgart: Ibidem-Verlag.

Dieses Buch schließt die „Schemapädagogik bei Persönlichkeitsstörungen"-Trilogie ab. Hierin findet der Leser neben der genauen Beschreibung der einzelnen Persönlichkeitsstörungen auch eine Übersicht über die integrativen Therapiemöglichkeiten von Persönlichkeitsstörungen. Außerdem werden wiederum angepasste schemapädagogische Methoden für den Alltagsunterricht beschrieben.

Damm, M. (in Planung). Schemapädagogik und Lehrerpersönlichkeit. Reihe Schemapädagogik kompakt. Band 11. Stuttgart: Ibidem-Verlag.

Dieses Buch widmet sich den Auswirkungen von bestimmten Schemata, die manchmal auf Lehrerseite vorherrschen. Anhand von verschiedenen Fragebögen, die im Rahmen der Schemapädagogik eingesetzt werden, lernen Pädagogen eigene innerpsychische Muster, die zu stets denselben Konflikten mit den Schülern führen, genau kennen. Ziel ist die bewusste Kontrolle von „nachteiligen" Schemata und Schemamodi im Unterrichtsalltag.

Damm, M. (in Planung). Schemapädagogik und Lehrerpersönlichkeit. Reihe Schemapädagogik kompakt. Band 12. Stuttgart: Ibidem-Verlag.
Dieses Buch widmet sich den Auswirkungen von bestimmten Schemata, die manchmal auf Lehrerseite vorherrschen. Anhand von verschiedenen Fragebögen, die im Rahmen der Schemapädagogik eingesetzt werden, lernen Pädagogen eigene innerpsychische Muster, die zu stets denselben Konflikten mit den Schülern führen, genau kennen. Ziel ist die bewusste Kontrolle von „nachteiligen" Schemata und Schemamodi im Unterrichtsalltag.

Roediger, E. (2009). Praxis der Schematherapie. Stuttgart: Schattauer.
In diesem Fachbuch werden die Grundlagen und einige Erweiterungen der Schematherapie erläutert.

Roediger, E. (2009). Was ist Schematherapie? Eine Einführung in Grundlagen, Modell und Anwendung. Paderborn: Junfermann.
Dieses Buch ist ein guter Einstieg in die Theorie und Praxis der Schematherapie.

Roediger, E. (2010). Raus aus den Lebensfallen. Wie Schematherapie helfen kann. Paderborn: Junfermann.
Hier wird vor allem das Schemamodus-Modell beleuchtet; außerdem wird seine Handhabung aus Sicht der Klienten thematisiert.

Roediger, E. & Jacob, G. (Hrsg.) (2010). Fortschritte der Schematherapie. Göttingen: Hogrefe.
Ausdifferenzierungen der Schematherapie finden interessierte Leser hier.

Sachse, R., Fasbender, J., Breil, J., Püschel, O. (2009). Grundlagen und Konzepte Klärungsorientierter Psychotherapie. Göttingen u.a.: Hogrefe.
Hier werden die theoretischen Grundlagen und praktischen Arbeitsweisen der Klärungsorientierten Psychotherapie erläutert.

Sachse, R. (2006). Persönlichkeitsstörungen verstehen. Zum Umgang mit schwierigen Klienten. Bonn: Psychiatrie-Verlag.
Dieser leicht verständliche Ratgeber richtet sich an Angehörige der psychotherapeutischen und sozialpädagogischen Berufe.

Young, J.E., Klosko, J. & Weishaar, M.J. (2005). Schematherapie. Ein praxisorientiertes Handbuch. Paderborn: Junfermann.
Dieses Fachbuch ist das Schematherapie-Grundlagenwerk – und ein Muss für alle Schemapädagogen.

Young, J.E. & Klosko, J. (2006). Sein Leben neu erfinden. Wie Sie Lebensfallen meistern. Paderborn: Junfermann.
Ursprünglich für Klienten der Schematherapie verfasst, eignet sich dieses Buch auch für Laien, die sich für Schematherapie interessieren.

Kontakte

Weitere Informationen zur Schemapädagogik (auch als Download) finden Interessenten auf der Homepage des Autors (www.schemapädagogik.de).

Fortbildungen in Schemapädagogik

Am Institut für Schemapädagogik (Worms) werden verschiedene Fortbildungen zur Schemapädagogik angeboten. Auf der oben genannten Homepage werden sie ausführlich beschrieben.

Kontakt:

Institut für Schemapädagogik
Dr. Marcus Damm
Höhenstr. 56
67550 Worms

Im Rahmen der Lehrerfortbildung (Berufsbildende Schulen, Förder- und Schwerpunktschulen) in Rheinland-Pfalz werden die theoretischen Grundlagen und praktischen Anwendungen der Schemapädagogik am Pädagogischen Landesinstitut Speyer vermittelt.

Kontakt:

Dr. Marcus Damm
Pädagogisches Landesinstitut Speyer
Butenschönstr. 2
67346 Speyer

E-Mail: info@marcus-damm.de

Literatur

Adler, A. (1966). Menschenkenntnis. Frankfurt a.M.: Fischer.

Ainsworth, M.D.S. (1968). Object relations, dependency and attachment. A theoretical review of the infant-mother relationship. Child Dev., 40, 969–1025.

Andresen, J.R. (2001). Kognitive Psychologie (3. Aufl.). Heidelberg, Berlin: Spektrum.

Arnold, R. (2007). Ich lerne, also bin ich. Eine systemisch-konstruktivistische Didaktik. Heidelberg: Carl-Auer.

Arntz, A. & Van Genderen, H. (2010). Schematherapie bei Borderline-Persönlichkeitsstörung. Weinheim und Basel: Beltz.

Bandelow, B. (2010). Woher Ängste kommen und wie man sie bekämpfen kann (3. Aufl.). Reinbek: Rowohlt.

Bauer, J. (2007a). Warum ich fühle, was du fühlst (6. Aufl.). München: Heyne.

Bauer, J. (2007b). Prinzip Menschlichkeit. Warum wir von Natur aus kooperieren (3. Aufl.). Hamburg: Hoffmann & Campe.

Beck, A.T. (1976). Cognitive therapy and the emotional disorders. New York: International University Press.

Beck, A.T., Rush, A.J., Shaw, B.F. & Emery, G. (1979/2001). Kognitive Therapie der Depression. Weinheim: Beltz.

Beck, A.T., Freeman, A. & Davis, D. (2004). Cognitiv Therapy of Personality Disorders. New York, London: Guilford Press.

Berne, E. (1964/2005). Spiele der Erwachsenen. Psychologie der menschlichen Beziehungen (5. Aufl.). Reinbek: Rowohlt.

Bertalanffy, L.v. (1972). Zu einer allgemeinen Systemlehre. In: Bleicher, K. (Hrsg.). Organisation als System. VS-Verlag: Wiesbaden.

Bettmer, F. & Prüß, F. (2005). Schule und Jugendhilfe. In: H.-U. Otto & H. Thiersch (Hrsg.). Handbuch Sozialarbeit/Sozialpädagogik (3. Aufl.), 1536–1539. München: Reinhardt.

Bierhoff, H.-W. (2006). Sozialpsychologie. Ein Lehrbuch (6. Aufl.). Stuttgart: Kohlhammer.

Böhnisch, L. (2001). Sozialpädagogik der Lebensalter. München & Weinheim: Beltz.

Bowlby, J. (1973). Attachment and Loss (Vol. 2). Separation. Anxiety and anger. New York: Basic Books.

Brand, M. & Saasmann, M. (1999). Anti-Gewalt-Training für Gewalttäter. Ein sozialpädagogisches konfrontatives Training zum Abbau der Gewaltbereitschaft. In: DVJJ-Journal, 4, 419-425.

Brewin, C.R., Andrews, B., Rose, S., und Kirk, M. (1999). Acute stress disorder and posttraumatic stress disorder in victims of violent crime. American Journal of Psychiatry, 156, pp. 360–366.

Brockschnieder, F.-J. & Ullrich, W. (1997). Praxisfeld Erziehung. Didaktik/Methodik für die Fachschule für Sozialpädagogik. Köln: Stam.

Brühl, A. (2008). Bewährungshilfe. In: D. Kreft & I. Mielenz (Hrsg.). Wörterbuch Soziale Arbeit (6. Aufl.), 179–183. Weinheim und München: Juventa.

Cierpka, M. (2005). FAUSTLOS – Wie Kinder Konflikte gewaltfrei lösen lernen (3. Aufl.). Freiburg i.B.: Herder.

Correll, W. (2003). Menschen durchschauen und richtig behandeln. München: mvg.

Corsini, R.J. (1994). Konfrontative Therapie. In: Corsini, R.J. (Hrsg.). Handbuch der Psychotherapie. Bd.1, 550–570. Weinheim: Beltz.

Damasio, A.R. (2000). Ich fühle, also bin ich. München: List.

Damasio, A.R. (2004). Descartes' Irrtum. Fühlen, Denken und das menschliche Gehirn. Berlin: List.

Damm, M. (2007). Frei von Ängsten. Sich neuen Lebensmöglichkeiten öffnen. Freiburg i.B.: Herder.

Damm, M. (2009). Nervensägen – und wie man mit ihnen klarkommt. Freiburg i.B.: Herder.

Damm, M. (2010a). Praxis der Schemapädagogik. Schemaorientierte Psychotherapien und ihre Potenziale für psychosoziale Arbeitsfelder. Reihe Schemapädagogik kompakt. Band 1. Stuttgart: Ibidem.

Damm, M. (2010b). Schemapädagogik im Klassenzimmer. Ein neues Konzept zur Förderung verhaltensauffälliger Schüler. Reihe Schemapädagogik kompakt. Band 2. Stuttgart: Ibidem.

Damm, M. (2010c). Schemapädagogik im Klassenzimmer. Das Praxisbuch. Arbeitsmaterialien für Lehrer und Schüler. Reihe Schemapädagogik kompakt. Band 3. Stuttgart: Ibidem.

Damm, M. (2010d). Schemapädagogik. Möglichkeiten und Methoden der Schematherapie im Praxisfeld Erziehung. Wiesbaden: VS-Verlag.

Damm, M. (2010e). Sei du selbst. Es ist dein Leben. Freiburg i.B.: Herder.

Damm, M. & Werner, S. (2011). Schemapädagogik bei jugendlichen Gewalttätern. Diagnose von Schemata, Konfrontation und Verhaltensänderung. Stuttgart: Ibidem.

Dehner, R. & Dehner, U. (2007). Schluss mit diesen Spielchen. Manipulationen im Alltag erkennen und dagegen vorgehen. Campus: Frankfurt a.M.

Deinet, U. & Sturzenhecker, B. (2005). Handbuch Offene Kinder- und Jugendarbeit (3. Aufl.). Wiesbaden: VS-Verlag.

DeShazer, S. (2005). Wege der erfolgreichen Kurztherapie. Stuttgart: Klett-Cotta.

Drilling, M. (2004). Schulsozialarbeit. Antworten auf veränderte Lebenswelten (3. Aufl.). Bern: Hans-Huber.

Ellis, A. (1962). Die rational-emotive Therapie. München: Pfeiffer.

Feuerhelm, W. & Eggert, A. (2007). Evaluation des Anti-Aggressivitäts-Trainings und des Coolness-Trainings in Mainz. Unveröffentlichte Ausgabe der KFH Mainz.

Förster, J. (2008). Kleine Einführung in das Schubladendenken. Über Nutzen und Nachteil des Vorurteils. München: Goldmann.

Frank, A. (2008). Kinder in ihrer sozial-emotionalen Entwicklung fördern. In: Kindergarten heute spezial. Freiburg i.B.: Herder.

Freud, S. (1907/2000). Zwangshandlungen und Religionsübungen. In: S. Freud. Studienausgabe. Band 7. Zwang, Paranoia und Perversion. Frankfurt a.M.: Fischer.

Freud, S. (1917/1991). Vorlesungen zur Einführung in die Psychoanalyse (14. Aufl.). Frankfurt a.m.: Fischer.

Freeman, A. (2000). Persönlichkeitsstörungen. In: M. Hautzinger (Hrsg.). Kognitive Verhaltenstherapie bei psychischen Erkrankungen (3. Aufl.), 249–294. Berlin, München: Quintessenz.

Gollwitzer, M. & Schmitt, M. (2009). Sozialpsychologie kompakt. Weinheim und Basel: Beltz.

Grawe, K. (1998). Psychologische Psychotherapie. Göttingen u.a.: Hogrefe.

Grawe, K. (2004). Neuropsychiatrie. Göttingen u.a.: Hogrefe.

Greenberg, L.S. (2004). Emotion-Focused Therapy. Washington: American Psychological Association.

Greenberg, L.S., Rice, L.N. & Elliot, R. (2003). Emotionale Veränderung fördern. Grundlagen einer prozess- und erlebnisorientierten Therapie. Paderborn: Junfermann.

Grüneberg, L. & Hauser, P. (1995). Erziehen als Beruf. Eine Praxis- und Methodenlehre (2. Aufl.). Troisdorf: Bildungsverlag EINS.

Gudjons, H. (1997). Pädagogisches Grundwissen: Überblick – Kompendium – Studienbuch (6. Aufl.). Bad Heilbrunn: Klinkhardt.

Hamann, B. (1998). Pädagogische Anthropologie (3. Aufl.). Bad Heilbrunn: Klinkhardt.

Hammelstein, P. (2009). Kognitive Therapie, Schematherapie und Klärungsorientierte Psychotherapie. Vergleich einzelner Aspekte. In: R. Sachse et al. Grundlagen und Konzepte Klärungsorientierter Psychotherapie, 184–200. Göttingen u.a.: Hogrefe.

Hansen, H. (2006). Kinderpsychotherapie. In: R. Pousset (Hrsg.). Handwörterbuch für Erzieherinnen und Erzieher, 207–209. Weinheim und Basel: Beltz.

Hautzinger, M. (2000). Kognitive Verhaltenstherapie bei Depressionen. In: M. Hautzinger (Hrsg.). Kognitive Verhaltenstherapie bei psychischen Erkrankungen (3. Aufl.), 39–61. Berlin, München: Quintessenz.

Heckhausen, J. & Heckhausen, H. (2006). Motivation und Handeln (3. Aufl.). Heidelberg: Springer.

Heiner, M. (2007). Soziale Arbeit als Beruf. München: Reinhardt.

Herriger, N. (1995). Empowerment und das Modell der Menschenstärken. Bausteine für ein verändertes Menschenbild der Sozialen Arbeit. In: Soziale Arbeit, 5, 155–162.

Herriger, N. (2010): Empowerment in der Sozialen Arbeit. Eine Einführung. Stuttgart: Klett-Cotta.

Hirblinger, H. (2001). Einführung in die psychoanalytische Pädagogik der Schule. Würzburg: Königshausen & Neumann.

Hofgesang, B. (2005). Sozialpädagogische Familienhilfe. In: H.-U. Otto & H. Thiersch (Hrsg.). Handbuch Sozialarbeit/Sozialpädagogik (3. Aufl.), 529–539. München: Reinhardt.

Jaszus, R., Büchin-Wilhelm, I., Mäder-Berg, M. & Gutman, W. (2008). Sozialpädagogische Lernfelder für Erzieherinnen. Stuttgart: Holland & Josenhans.

Kasper, H. (2003). Schülermobbing – tun wir was dagegen. München: AOL.

Keller, G. (2010). Disziplinmanagement in der Schulklasse. Unterrichtsstörungen vorbeugen – Unterrichtsstörungen bewältigen (2. Aufl.). Bern: Hans Huber.

Keppeler, S. & Specht, W. (2005). Mobile Jugendarbeit. In: H.-U. Otto & H. Thiersch (Hrsg.). Handbuch Sozialarbeit/Sozialpädagogik (3. Aufl.), 1234–1235. München: Reinhardt.

Kilb, R., Weidner, J. & Gall, R. (2009). Konfrontative Pädagogik in der Schule. Anti-Aggressivitäts- und Coolnesstraining (2. Aufl.). Weinheim und München: Juventa.

Kleespies, W. (2003). Angst verstehen und verwandeln. Angststörungen und ihre Bewältigung in der Psychotherapie. München und Basel: Ernst Rheinhardt Verlag.

Kleine-Katthöfer, G. (2001). Grundbausteine Sozialpädagogik. Köln: Stam.

König, K. (2007). Abwehrmechanismen (3. Aufl.). Göttingen: Vandenhoeck & Ruprecht.

König, K. (2010). Kleine psychoanalytische Charakterkunde (10 Aufl.). Göttingen: Vandenhoeck & Ruprecht.

Kreuzer, M. (Hrsg.) (2001). Handlungsmodelle in der Familienhilfe. Zwischen Networking und Beziehungsempowerment. Neuwied: Luchterhand.

Kriz, J. (2007). Grundkonzepte der Psychotherapie (6. Aufl.). München: Psychologie Verlags Union.

Künkel, F. (1928/2000). Einführung in die Charakterkunde (18. Aufl.). Stuttgart: Hürzel.

Kuhl, J. (2001). Motivation und Persönlichkeit. Göttingen u.a.: Hogrefe.

Kreft, D. & Mielenz, I. (Hrsg.). (2008). Wörterbuch Soziale Arbeit (6. Aufl.). Weinheim und München: Juventa.

Langfeldt, H.-P. (2006). Psychologie für die Schule. Weinheim & Basel: Beltz.

Lammers, C.-H. (2007). Emotionsbezogene Psychotherapie. Grundlagen, Strategien und Techniken. Stuttgart: Schattauer.

Lattschar, B. (2006). Heimerziehung. In: R. Pousset (Hrsg.). Handwörterbuch für Erzieherinnen und Erzieher, 161–163. Weinheim und Basel: Beltz.

Laubenthal, K. (2008). Strafvollzug (5. Aufl.). Berlin: Springer.

LeDoux, J.E. (2001). Das Netz der Gefühle – Wie Emotionen entstehen. Wien: Carl Hanser.

Leahy, R.L. (2007). Techniken kognitiver Therapie. Paderborn: Junfermann.

Lohmann, G. (2007). Mit Schülern klarkommen. Professioneller Umgang mit Unterrichtsstörungen und Disziplinkonflikten (6. Aufl.). Berlin: Cornelsen Skriptor.

Main, M. & Solomon, J. (1986). Discovery of a new, insecure-disorganized /disoriented attachment pattern. In: T.B. Brazelton & M. Yohman (Hrsg.). Affective Development in Infancy, 95–124. Norwood, N.J.: Ablex.

Maslow, A.H. (1981). Motivation und Persönlichkeit. Reinbek: Rowohlt.

Maturana, H. (1982). Erkennen. Die Organisation und Verkörperung von Wirklichkeit. Braunschweig.

Mentzos, S. (2009). Lehrbuch der Psychodynamik. Die Funktion der Dysfunktionalität psychischer Störungen (2. Aufl.). Göttingen: Vandenhoeck & Ruprecht.

Morgenstern, A. (2006). Sozialpädagogik in Lernfeldern. Haan-Gruiten: Europa-Lermittel.

Morschitzky, H. & Sator, S. (2005). Die zehn Gesichter der Angst. Ein Handbuch zur Selbsthilfe. München: dtv.

Mührel, M. (2005). Einzelfallhilfe/Case-Management. In: H.-U. Otto & H. Thiersch (Hrsg.). Handbuch Sozialarbeit/Sozialpädagogik (3. Aufl.), 1842–1849. München: Reinhardt.

Neudeck, P. (2005). „Bedrohliche Hasen" – Konfrontationstherapie bei Panikstörungen. In: P. Neudeck und H.-U. Wittchen (Hrsg.). *Konfrontationstherapie bei psychischen Störungen. Theorie und Praxis.* Göttingen u.a.: Hogrefe, 17–46.

Neumann, C., Niederwestberg, L. & Wenning, M. (2008). Erziehen – Bilden – Betreuen im Kindesalter. Hamburg: Verlag Dr. Felix Büchner.

Nowacki, K. (2009). Klärungsorientierte Psychotherapie aus bindungstheoretischer Sicht. In: R. Sachse et al. Grundlagen und Konzepte Klärungsorientierter Psychotherapie, 165–183. Göttingen u.a.: Hogrefe.

Olweus, D. (2008). Gewalt in der Schule. Was Lehrer und Eltern wissen sollten – und tun können (4. Aufl.). Bern: Hans Huber.

Pausewang, F. (1994). Ziele suchen – Wege finden. Arbeits- und Lehrbuch für die didaktisch-methodische Auseinandersetzung in sozialpädagogischen Berufen. Berlin: Cornelsen.

Piaget, J. (1976). Die Äquilibration der kognitiven Strukturen. Stuttgart: Klett.

Piaget, J. (1980). Psychologie der Intelligenz. Stuttgart: Klett-Cotta.

Püschel, O. & Sachse, R. (2009). Eine motivationstheoretische Fundierung Klärungsorientierter Psychotherapie. In: Sachse, R. et al. Grundlagen und Konzepte Klärungsorientierter Psychotherapie, 89–110. Göttingen u.a.: Hogrefe.

Rattner, J. (1998). Charakterstudien. Berlin: Verlag für Tiefenpsychologie.

Rattner, J. & Danzer, G. (2007). Psychosomatik und Psychohygiene. Ein Gesundheitsbuch für Leib, Seele und Geist. Würzburg: Königshausen & Neumann.

Reich, W. (1933/2002). Charakteranalyse. Köln: Kiepenheuer & Witsch.

Reyer, H.-U. & Schmid-Hempel, P. (2011). Darwins langer Arm – Evolutionstheorie heute. Zürich: Vdf Hochschulverlag.

Riemann, F. (1961/2009). Grundformen der Angst. München: Reinhardt.

Ringel, E. (1955/2004). Selbstschädigung durch Neurose. Frankfurt a.M.: Dietmar Klotz.

Roediger, E. (2009a). Praxis der Schematherapie. Stuttgart: Schattauer.

Roediger, E. (2009b). Was ist Schematherapie? Eine Einführung in Grundlagen, Modell und Anwendung. Paderborn: Junfermann.

Roediger, E. & Jacob, G. (Hrsg.). (2010). Fortschritte der Schematherapie. Göttingen: Hogrefe.

Rogers, C. (1972/1999). Die nicht-direktive Beratung (9. Aufl.). Frankfurt a.M.: Fischer.

Rosenberg, M.B. (2001). Gewaltfreie Kommunikation: Aufrichtig und einfühlsam miteinander sprechen. Paderborn: Junfermann.

Rosner, R. (Hrsg.). (2006). Psychotherapieführer Kinder und Jugendliche. München: C.H. Beck.

Roth, G. (2003). Fühlen, Denken, Handeln. Wie das Gehirn unser Verhalten steuert. Frankfurt a.M.: Suhrkamp.

Roth, G. (2007). Persönlichkeit, Entscheidung und Verhalten. Warum es so schwierig ist, sich und andere zu verstehen. Stuttgart: Klett-Cotta.

Roth, G. (2009). Aus Sicht des Gehirns (2. Aufl.). Frankfurt a.M.: Suhrkamp.

Sachse, R. (1992). Zielorientierte Gesprächspsychotherapie. Eine grundlegende Neukonzeption. Göttingen: Hogrefe.

Sachse, R. (1996). Praxis der Zielorientierten Gesprächspsychotherapie. Göttingen u.a.: Hogrefe.

Sachse, R. (2003). Klärungsorientierte Psychotherapie. Göttingen u.a.: Hogrefe.

Sachse, R. (2004). Persönlichkeitsstörungen. Leitfaden für die Psychologische Psychotherapie. Göttingen u.a.: Hogrefe.

Sachse, R. (2006a). Therapeutische Beziehungsgestaltung. Göttingen u.a.: Hogrefe.

Sachse, R. (2006b). Persönlichkeitsstörungen verstehen. Zum Umgang mit schwierigen Klienten. Bonn: Psychiatrie-Verlag.

Sachse, R., Püschel, O., Fasbender, J. & Breil, J. (2008). Klärungsorientierte Schemabearbeitung. Dysfunktionale Schemata effektiv verändern. Göttingen u.a.: Hogrefe.

Sachse, R., Fasbender, J., Breil, J. & Püschel, O. (2009). Grundlagen und Konzepte Klärungsorientierter Psychotherapie. Göttingen u.a.: Hogrefe.

Sachse, R., Sachse, M. & Fasbender, J. (2010). Klärungsorientierte Psychotherapie von Persönlichkeitsstörungen. Grundlagen und Konzepte. Göttingen u.a.: Hogrefe.

Sachsse, C. (2008). Straßensozialarbeit/Streetwork. In: D. Kreft & I. Mielenz (Hrsg.). Wörterbuch Soziale Arbeit (6. Aufl.), 940–946. Weinheim und München: Juventa.

Schmidt, G. (2004). Liebesaffären zwischen Problem und Lösung. Hypnosystemisches Arbeiten in schwierigen Kontexten. Heidelberg: Carl-Auer-Systeme.

Schmidt, G. (2008). Einführung in die hypnosystemische Therapie und Beratung. Heidelberg: Carl-Auer-Systeme.

Schmitt-Killian, J. (2010). „Ich mach euch fertig!" Praxisbuch Gewaltprävention. Gütersloh: Gütersloher Verlagshaus.

Schore, A.N. (2007). Affektregulation und die Reorganisation des Selbst. Stuttgart: Klett-Cotta.

Schütz, A. (2005). Selbstwertgefühl – je mehr, desto besser? Weinheim: Beltz PVU.

Schulz von Thun, F. (1998). Miteinander reden 2. Stile, Werte und Persönlichkeitsentwicklung. Differentielle Psychologie der Kommunikation. Reinbek: Rowohl.

Seligman, M.E.P. (1979): Erlernte Hilflosigkeit. Weinheim: Beltz.

Siegel, D.J. (2006). Wie wir werden, die wir sind. Paderborn: Junfermann.

Singer, W. (2002). Der Beobachter im Gehirn. Essays zur Hirnforschung. Frankfurt a.M.: Suhrkamp.

Speck, K. (2006). Qualität und Evaluation in der Schulsozialarbeit. Konzepte, Rahmenbedingungen und Wirkungen. Wiesbaden: VS Verlag.

Spitzer, M. (2009). Hirnforschung für Neu(ro)gierige. Braintertainment 2.0. Stuttgart: Schattauer.

Storch, M. (2004). Nachhilfe für Gefühlskrüppel. In: FOCUS, 24, 139.

Taglieber, W. (2005). Berliner Mobbing-Fibel. Was tun wenn. Berlin: Berliner Landesinstitut.

Textor, M.R. (2006). Kindergarten. In: R. Pousset (Hrsg.). Handwörterbuch für Erzieherinnen und Erzieher. Weinheim und Basel: Beltz.

Thesing, T., Geiger, B., Erne-Herrmann, P. & Klenk, C. (2001). Sozialpädagogischen Arbeitsfelder. Ein Handbuch zur Berufs- und Institutionenkunde für sozialpädagogische Berufe. Freiburg i.B.: Lambertus.

Vogelsberger, M. (2002). Sozialpädagogische Arbeitsfelder im Überblick. Weinheim und Basel: Beltz.

Vogelsberger, M. (2006b). Hort. In: R. Pousset (Hrsg.). Handwörterbuch für Erzieherinnen und Erzieher, 164–167. Weinheim und Basel: Beltz.

Wagner, R.F., Hinz, A., Rausch, A. & Becker, B. (2009). Modul Pädagogische Psychologie. Bad Heilbrunn: Klinkhardt.

Weidner, J. (2004). Konfrontation mit Herz. Eckpfeiler eines neuen Trends in Sozialer Arbeit und Erziehungswissenschaft. In: Weidner, J. & Kilb, R. (Hrsg.). Konfrontative Pädagogik. Konfliktbearbeitung in Sozialer Arbeit und Erziehung. Wiesbaden: VS-Verlag.

Weidner, J. & Kilb, R. (2008). Konfrontative Pädagogik (3. Aufl.). Wiesbaden: VS-Verlag.

Wendt, W.R. (1999). Case Management im Sozial- und Gesundheitswesen. Eine Einführung. Freiburg i.B.: Lambertus.

Willi, J. (1975/2001). Die Zweierbeziehung. Reinbek: Rowohlt.

Watzlawick, P., Beaven, J.H. & Jackson, D.D. (1969/2003). Menschliche Kommunikation. Formen. Störungen. Paradoxien (10. Aufl.). Bern: Huber.

Wolters, J.-M. (1992). Kampfkunst als Therapie. Die sozialpädagogische Relevanz asiatischer Kampfsportarten. Bern u.a.: Peter Lang.

Young, J.E. & Brown, G. (1990). Young Schema Questionaire. New York: Schema Therapy Institut.

Young, J.E. (1999). Cognitive therapy for personality disorders. A schema-focused approach (rev. Ausg.). Sarasota, FL: Professional Resources Press.

Young, J.E., Klosko, J.S. & Weishaar, M.J. (2008). Schematherapie. Ein praxisorientiertes Handbuch (2. Aufl.). Paderborn: Junfermann.

Young, J.E. & Klosko, J. (2006). Sein Leben neu erfinden. Wie Sie Lebensfallen meistern. Paderborn: Junfermann.

Zorn, P. & Roder, V. (2011). Schemazentrierte emotiv-behaviorale Therapie (SET). Therapieprogramm für Patienten mit Persönlichkeitsstörungen. Weinheim & Basel: Beltz.

Abonnement

Hiermit abonniere ich die Reihe **Schemapädagogik kompakt (ISSN 2191-186X)**, herausgegeben von Dr. Marcus Damm,

- ❒ ab Band # 1
- ❒ ab Band # __
    - ❒ Außerdem bestelle ich folgende der bereits erschienenen Bände:
      #__, __, __, __, __, __, __, __, __, __, __

- ❒ ab der nächsten Neuerscheinung
    - ❒ Außerdem bestelle ich folgende der bereits erschienenen Bände:
      #__, __, __, __, __, __, __, __, __, __, __

- ❒ 1 Ausgabe pro Band   ODER   ❒ __ Ausgaben pro Band

Bitte senden Sie meine Bücher zur versandkostenfreien Lieferung innerhalb Deutschlands an folgende Anschrift:

Vorname, Name: _____

Straße, Hausnr.: _____

PLZ, Ort: _____

Tel. (für Rückfragen): _____ *Datum, Unterschrift:* _____

Zahlungsart

- ❒ *ich möchte per Rechnung zahlen*
- ❒ *ich möchte per Lastschrift zahlen*

bei Zahlung per Lastschrift bitte ausfüllen:

Kontoinhaber: _____

Kreditinstitut: _____

Kontonummer: _____ Bankleitzahl: _____

Hiermit ermächtige ich jederzeit widerruflich den *ibidem*-Verlag, die fälligen Zahlungen für mein Abonnement der Reihe **Schemapädagogik kompakt** von meinem oben genannten Konto per Lastschrift abzubuchen.

Datum, Unterschrift: _____

Abonnementformular entweder **per Fax** senden an: **0511 / 262 2201** oder 0711 / 800 1889
oder als **Brief** an: *ibidem*-Verlag, Leuschnerstr. 40, 30457 Hannover oder
als e-mail an: ibidem@ibidem-verlag.de

ibidem-Verlag

Melchiorstr. 15

D-70439 Stuttgart

info@ibidem-verlag.de

www.ibidem-verlag.de
www.ibidem.eu
www.edition-noema.de
www.autorenbetreuung.de